COUTUMES

GÉNÉRALES
DE LA
SÉNÉCHAUSSÉE
ET COMTÉ
DU BOULONNOIS,

Ressorts et Enclavemens d'icelles, avec les Coutumes locales d'Etaples, Wissant, Herly, Quesque, Nédouchel.

Toutes lesdites Coutumes avec leurs Procès-Verbaux, & icelles par Ordonnances du Roi, accordées & réformées, & mises pardevers la Cour de Parlement en 1651.

A BOULOGNE,

Chez Charles Battut, Imprimeur

M. DCC. LXI.

Avec Permission.

COUTUMES GÉNÉRALES

DE LA

SÉNÉCHAUSSÉE ET COMTÉ DÙ BOULONNOIS,

RESSORTS ET ENCLAVEMENS d'icelles, avec les Coutumes locales d'Etaples, Wiſſant, Herly, Queſque, Nédonchel.

ARTICLE I.

DANS le Comté du Boulonnois le Roi a ſix Abbayes; ſçavoir, en la Ville de Boulogne, l'Abbaye de Nôtre-Dame, & l'Abbaye de Saint Wlmer, l'Abbaye de Samer au Bois,

A

l'Abbaye de Longvilliers, l'Abbaye de Doudeauville & l'Abbaye de Beaulieu.

II.

Quatre Prieurés; sçavoir, Rumilly-le-Comte, le Wast, Beuffens, & Herly.

III.

Il a encore un Couvent de Chartreux de Nôtre-Dame des Prez à Neuville, & un Hôpital nommé S. Inglevert.

IV.

Et aussi le Comté de S. Pol tenu du Roi à cause de son Château de Desvrene, des appendans dudit Comté du Boulonnois.

V.

Plusieurs Terres & Seigneuries appartenant à plusieurs Abbayes & Eglises, dont les Chef-lieux sont situés hors la Jurisdiction dudit Comté du Boulonnois, lesquels par la Coutume ont leurs causes commises pardevant le Sénéchal du Boulonnois, Juge Provincial dudit Pays.

VI.

Audit Comté il y a douze Baronnies ; fçavoir, d'Ordre, Dengoudfens, Liannes, Doudeauville, Tiembronne, Bainctun, Bellebrune, Colembercq, Courfet, Hefdigneuil, Difacre & Bernieulles, dont eft dû, par la Coutume, relief au Roi de dix livres parifis, & vingt fols parifis pour le Chambellage.

V I I.

Quatre Pairies ; fçavoir, la Connétablie, l'Enfeigne & Gouffanier, la Maréchauffée, & la Bouteillerie du Boulonnois, pour chacune defquelles, par la Coutume du Boulonnois, eft dû au Roi cent fols parifis de relief, & le tiers de Chambellage.

V I I I.

Audit Comté il y a quatre Châtellenies tenues du Roi ; fçavoir, Fiennes, Tingry, Longvilliers & Belle, defquelles eft dû, par ladite Coutume, cent fols parifis de relief, & le tiers pour Chambellage.

I X.

Audit Comté a le Roi la Sénéchauffée du Boulonnois, Juftice principale dudit Pays ; connoiſſant le Sénéchal du Boulonnois de toutes cauſes & matieres en premiere inſtance dudit Comté, Reſſorts & Enclavemens, ſauf le renvoi aux Seigneurs, & Juſtices inférieures, des choſes dont leur appartient la connoiſſance. Et il y a audit Comté huit Bailliages royaux; ſçavoir, Boulogne , Outreau, Wiſſant & Londefort, qui eſt un ſeul Office exercé par un ſeul Baillif.

X.

Les Bailliages d'Etaples , le Choquet, & Bellefontaine par un ſeul Office. Et le Bailliage de Deſvrene.

X I.

Leſquels Baillifs ſont Juges en premiere inſtance , tant au civil qu'au criminel , des matieres des Roturiers, & autres dont ils ont accoutumé de connoître ; ſauf les matieres privilegiées, reſſortiſſant , par la Coutume , en cas d'appel immédiatement pardevant ledit Sénéchal.   X I I.

Dans ledit Comté il y a cinq Villes

de loi privilégiées, qui ont Mayeurs & Echevins, qui ont connoiſſance du fait politique, & de toutes matieres ſurvenant aux Bourgeois ; reſſortiſſant ſemblablement par appel, pardevant ledit Sénéchal du Boulonnois.

XIII.

Dudit Comté, & des appendances, font cinq Villages enclavés au Pays d'Artois ; ſçavoir, Nédonchel, Ligny, Tyremande, Wetrehen, Rehy, & la Cenſe de Tatincloud, tenus du Roi, à cauſe de ſon Château de Deſvrene, reſſortiſſant pardevant ledit Sénéchal, en premiere inſtance, ès cas royaux & privilégiés ; & auſſi par appel, des Sentences & Jugemens donnés par les Baillifs, hommes, & Juſtices d'iceux Villages & Seigneuries.

XIV.

Des Droits appartenant aux Barons,
Pairs, & Châtelains.

Ont leſdits Barons, Pairs & Châtelains, par la Coutume dudit Pays, ès mettes de leurs dites Baronnies, Pairies

& Châtellenies, toute Justice, haute, moyenne & basse, connoissance de toutes causes & matieres, en premiere instance, par leurs Baillifs, & hommes féodaux, sauf des cas royaux, & matieres privilegiées au Roi ; ressortissant pareillement par appel immédiatement pardevant ledit Sénéchal du Boulonnois, comme font toutes les Justices inférieures dudit Comté, ayant les Seigneurs cinq hommes de fief sous eux, lesquels semblablement ont toute Justice, haute, moyenne & basse, & les droits y appartenant.

X V.

Et font, par ladite Coutume, lesdites Eglises, Barons & Pairs, & leurs tenans, exempts des Justices desdits Baillifs royaux, comme étant purs voisins à eux.

X V I.

Des Droits de relief dûs au Roi, Barons,
& autres Seigneurs dudit Comté.

A le Roi, lesdites Eglises, Barons, Pairs, & Châtelains, plusieurs fiefs & Seigneuries sous eux, dont, par la Cou-

..tume dudit Pays du Boulonnois, leur
..est dû relief, quand le cas y échet ; sça-
.voir, Fiefs de cent sols parisis, & le tiers
.de Chambellage , qui se comprennent
.en cent mesures de terre & audessus ;
fiefs de soixante sols parisis, & le tiers
de Chambellage , qui se comprennent
depuis soixante mesures de terre jusqu'à
cent ; fiefs de trente sols parisis & le tiers
de Chambellage , qui se comprennent
en trente mesures de terre jusqu'à soixante ; & fiefs de sept sols six deniers
parisis, & le tiers de Chambellage, qui
se comprennent jusqu'à trente mesures
de terre. Et par icelle Coutume , ne
sont autres fiefs d'autres reliefs audit
Comté, si ce n'est par fait spécial & al-
dicté, & dont apparoisse par titre suffisant.

XVII.

De la Cour des Seigneurs de fief.

Et par ladite Coutume, un Seigneur
ayant trois hommes de fief, a commencement de cour , & peut exercer sa justi-

ce, ès mettes de son fief, en empruntant de son Seigneur supérieur deux de
ses hommes de fief; en demandant lesquels, il est tenu lui bailler.

XVIII.

Et peut ledit Seigneur bailler de sa
terre en fief, pour augmenter ses hommes, & cour.

XIX.

Des cas dont la connoissance appartient
aux Baillifs royaux; Barons , &
autres Seigneurs.

Et peuvent par ladite Coutume lesdits Baillifs royaux, Barons, Pairs, Seigneurs, Mayeurs & Echevins, connoître aussi en premiere instance de tous
cas, tant au civil qu'au criminel , sauf
des cas royaux, & matieres privilégiées,
à la charge du renvoi aux Seigneurs &
Justices qui leur sont inférieures, tenues & mouvant d'eux, & de leurs Seigneuries, pour les cas qui tombent pareillement en renvoi.

XX.

Des Droits appartenant aux Seigneurs de fief, & hauts-Justiciers.

Et quant aux Droits des Seigneurs, par la Coutume ; si aucune personne ayant Fief, Terres & Seigneuries à aucuns hommes féodaux procédant d'icelles Seigneuries, quand son fils aîné est fait Chevalier, ou quand il marie sa fille aînée, peut demander à un chacun de ses hommes féodaux, qui sont tenus lui bailler par droit d'aide, pareille somme que le relief de leur fief ou fiefs monte sans Chambellage à l'un desdits cas avenant, lequel mieux plaît audit Seigneur, & non plus.

XXI.

Au Seigneur haut-Justicier appartiennent les meubles des bâtards qui meurent intestats, sans délaisser hoirs légitimes de leur chair en la Terre dudit haut-Justicier ; & aussi les immeubles tenus de lui.

XXII.

Au Seigneur haut-Justicier ayant

cour & hommes en ſes terres & Seigneuries, appartiennent toutes bêtes &
choſes épaves trouvées ès mettes de ſa
Seigneurie, en le faiſant publier une
fois en l'Egliſe Paroiſſiale de ſa terre,
par un jour de Dimanche ou Fête ſolem-
nelle : & pareillement par un jour de
marché, au marché plus prochain d'i-
celle terre, en gardant ladite choſe épave
par an & jour a celui qui en feroit pourſuite ou demande pendant ledit an, en
payant la garde & miſes de Juſtice rai-
ſonnables ; après lequel temps paſſé, ſi
le Propriétaire n'en fait pourſuite &
vienne en connoiſſance, il appartient
au profit dudit Seigneur, & ne peut autrui, fût le Propriétaire, prendre ladite
choſe épave, ni ôter hors des mains dudit Seigneur, ni de ſes Officiers, ſans
leur congé ou licence ; tellement que
celui qui fait le contraire, commet
amende de ſoixante ſols pariſis envers
ledit Seigneur, & eſt tenu réintégrer la
choſe priſe ou levée. Et ſi ladite choſe
épave ne ſe peut garder & eſt périſſa-
ble,

ble, après lesdites significations faites, ledit Seigneur, ou sesdits Officiers, la pourra faire vendre par sa Justice à cri public, & garder les deniers jusqu'au bout de l'an. Demeurent pareillement lesdits deniers, ledit temps passé, à son profit, comme dessus.

XXIII.

Des matieres de crimes, forfaits, délits & amendes dûes pour iceux.

Par ladite Coutume pour quelque cas criminel qu'aucun délinquant ait commis, ne confisque sinon le corps, sauf le cas de crime de leze-Majesté, divine & humaine au premier chef; sçavoir, contre le Roi & son Royaume.

XXIV.

Par ladite Coutume, si aucun meurt ladre, & est trouvé être tel par gens à ce connoissant, & les paroissiens de l'E-glise où il demeuroit au jour de sa mort n'ont fait diligence d'avertir la Justice sous laquelle il est décédé, & faisoit sa résidence, ou la Justice Souveraine, afin de visiter ledit ladre de son vivant pour

le juger & féqueſtrer hors des ſains,
tout le bétail à pied fourchu deſdits
paroiſſiens appartient & eſt échu aux
droits dudit Seigneur , ou Seigneurs
hauts-Juſticiers d'icelle Paroiſſe , & un
chacun d'eux en ſon regard & de ſes tenans & ſujets ; pourvû toutefois que
celui lequel après ſa mort aura ainſi été
trouvé être mort ladre , en ait eu durant
ſa vie quelques ſignes ou apparence ex-
térieure.

XXV.

Quiconque fait débat , emprinſe ,
outrage , ou mêlée de fait , ſur la terre
d'aucun Seigneur féodal , il y a commiſſion & condamnation vers ledit Seigneur féodal d'amende de douze ſo's
pariſis , pour chacun délinquant , &
pour chacune fois.

XXVI.

Par ladite Coutume , ſi le délinquant
ſe départ de la Seigneurie où il a commis le débat ſans être appréhendé , il ſe
pourra purger du délit en Seigneurie du
haut-Juſticier ſous laquelle il eſt cou-

chant & levant, en le faifant intimer &
fignifier à la partie intéreffée, & au Seigneur du lieu où le débat & la mêlée
s'eft faite ; & ledit Seigneur bien &
dûment contumacé & non comparant
pour faire demande & pourfuite de l'a-
mende, appartiendra icelle amende audit Seigneur, ayant eu du fait la connoiffance.

XXVII.

Et fi le délinquant eft homme féodal
dudit Seigneur, & fait le délit fur la terre de fondit Seigneur, il commet amende de foixante fols parifis, pour chacune
fois comme deffus.

XXVIII.

Si aucun pique ou fait bâtiment,
ouvre la terre, ferme rue commune ou
flégarts d'un Seigneur féodal, ou appro-
prie à lui, fans fon confentement & congé, il commet pour chacune fois envers
icelui Seigneur féodal, amende de
douze fols parifis, & eft tenu de remettre l'œuvre à fes dépens au premier état
& dû.

XXIX.

Si aucun enfreint la main de Justice d'aucun Seigneur, par recousse ou désobéissance, il commet envers ledit Seigneur pour chacune fois, amende de soixante sols parisis.

XXX.

Si aucun rompt, arrache, efface, ou transporte de lieu en autre aucune borne; coupe abat ou démolit aucun arbre tenu pour borne & enseignement de séparation de terres, commet aussi pour chacune fois envers le Seigneur haut-Justicier du lieu où a été faite ladite œuvre, amende de soixante sols parisis; & outre sera tenu remettre ou faire remettre, ainsi qu'il appartient, les bornes par lui arrachées & ôtées, à ses propres coûts & dépens.

XXXI.

Si aucun fait exploit de Justice en la terre & Seigneurie d'aucun haut-Justicier son pur voisin, & sans le congé de lui, ses Officiers ou commis, il commet

envers lui pour chacune fois , amende
de foixante fols parifis, excepté le Roi
& fes Officiers , lefquels pourront exploiter en la maniere accoutumée.

XXXII

Quiconque coupe ou abat, fait couper ou abattre fur la terre & bois d'aucun Seigneur féodal , fans le congé de
lui , fes Officiers ou commis , aucun
chêne qui foit de trois âges & coupes
ordinaires, ou de deux âges que l'on appelle perrot , il commet envers ledit Seigneur féodal , pour chacun chêne , a-
mende de foixante fols parifis ; & s'il
étoit chêne de l'âge du bois tant feulement que l'on dit étalon , ou quelqu'autre arbre , il doit tant feulement
amende de douze fols parifis , avec la
reftitution de l'arbre & bois abattu pour
chacun cas. Pourront toutefois lefdits
Seigneurs , fi bon leur femble , faire
garder les amendes , & autres peines
contenues ès Ordonnances du Roi ,
faites contre les larrons & coupeurs des
bois à lui appartenant.

B iij

XXXIII.

Et aussi ladite Coutume n'a lieu ès bois du Roi, qui sont réglés selon ses Ordonnances.

XXXIV.

Des amendes dûes aux Seigneurs pour recellemens desdits droits à eux appartenant, de fol appel, ou autrement.

Au Seigneur féodal appartient droit de Taille, ou de la vente & achat de bétail qui se vend sur son Fief, qui est quatre deniers du vendeur, & autant de l'acheteur, pour chacune bête chevaline, bœuf ou vache ; pour chacune bête blanche, un denier ; sçavoir, une maille par le vendeur, & autant par l'acheteur ; & pour le pourceau, un denier par le vendeur & autant par l'acheteur, qu'ils & chacun d'eux sont tenus de payer dedans soleil couchant, en quoi ne sont compris les privilégiés, ni semblablement ceux qui auroient paction, convention, ou jouissance dûment prescrite.

XXXV.

Tous rentiers, cottiers, & fermiers tenant bêtes à laine sur leurs tenemens, fermes & cottieres, jusqu'à vingt-cinq ou au dessus, doivent à leur Seigneur, au jour de Saint Jean-Baptiste, la meilleurs desdites bêtes, après la premiere, eux sommés par icelui Seigneur, ses Officiers ou commis, de bailler ledit droit que l'on appelle, *vif-herbage* ; & s'ils sont refusant du fournissement, ledit jour passé, ils commettent envers ledit Seigneur féodal, amende de soixante sols parisis, & en pareil cas du droit de moutonnage arrenté. Mais si ledit rentier, cottier, ou fermier n'a bêtes qu'au dessous desdites vingt-cinq, il est tenu de lui payer, pour chacune bête, ledit jour Saint Jean-Baptiste, dedans soleil couchant, une obole, qu'on appelle droit de *mort-herbage* ; sur pareille amende de soixante sols parisis, sans aucune sommation ; sans préjudice toutefois à ceux qui auroient convention, paction, ou jouissance dûment prescrite au contraire.

XXXVI.

Quiconque doit droit de terrage, il ne peut emporter aucuns grains venus à moisson sur sa terre sujette audit droit, sans préalablement sommer & appeller dûment celui auquel ledit terrage appartient, ou ses commis, pour venir prendre icelui droit de terrage, sur peine & amende de soixante sols parisis au profit de celui auquel ledit droit appartient, lequel étant défaillant après icelle sommation faite dûment, peuvent iceux redevables dudit terrage, sans aucune amende, emporter lesdits grains, & en faire leur profit. Et quant à la dîme, chacun en est quitte, la laissant sur le champ pour celui à qui elle appartient. Toutefois ne pourront les Seigneurs ni leurs sujets, faire pâturer leur bétail dedans les terres sujettes à ladite dîme, jusqu'à ce que ceux auxquels appartient ladite dîme l'aient fait enlever & emmener. Et où aucuns feront le contraire, seront condamnés à la restitution du dommage fait à ladite dîme ainsi délaissée sur le champ, & en amende telle que de raison, laquelle restitution se fera à celui à qui appartient ladite dîme ; & ladite amende sera baillée au Seigneur du délinquant, pourvû toutefois que ceux à qui appartient ladite dîme seront tenus dedans trois jours, à compter du jour que les Seigneurs & propriétaires desdites terres ou leurs fermiers auront fait lier & mener en leurs maisons les gerbes à eux appartenant, aller ou envoyer quérir leurs dites dîmes ; autrement, ledit temps passé, un chacun pourra mener pâturer sondit bétail dedans lesdites terres, sans péril d'amende, ni restitution de dommage.

XXXVII.

Pour toutes bêtes trouvées faisant dommage ès biens du Seigneur féodal, à garde faite, échet au Seigneur amende de douze sols parisis, pour chacune fois. Et si lesdites bêtes échappoient sans garde, n'y échet amende, sinon de trois sols pour la prise, avec restitution de l'intérêt en chacun defdits cas. Et à faute de Sergent, peut un chacun faire ladite prife, en les mettant, par forme de garde, ès prifons dudit lieu.

XXXVIII.

L'appellant d'aucunes Sentences, appointemens, exploits ou refus donnés & faits par les Baillifs & hommes du Seigneur, ayant cour & hommes; fi par le Juge fupérieur eft dit mal appointé, fentencié ou refufé; les hommes féodaux d'icelle Seigneurie, & non le Baillif ou fon Lieutenant, doivent audit Seigneur amende de foixante fols parifis. Et s'il étoit dit bien jugé, appointé ou refufé, devroit ledit appellant audit Seigneur pareille amende de foixante fols parifis, comme auffi devroit ledit appellant femblable amende quand il acquiefce après les jours de renoncer paffés.

XXXIX.

Tous Seigneurs ayant Juftice peuvent faire publier en leurs cours les bans de Mars & d'Août, & iceux bans ordonnés être gardés, à peine de foixante fols parifis envers ledit Seigneur, pour chacun infracteur, ou infracture.

XL.

Des fruits des Arbres étant ès voies publiques.

Les fruits de tous arbres étant ès voies publiques, rues & places communes d'aucuns villages, appartiennent aux habitans d'icelui qui les peuvent recueillir, prendre, & abattre pour en ufer à leur plaifir.

XLI.

Des matieres de Fiefs, reliefs, cotteries & autres droits appartenant aux Seigneurs féodaux.

Héritages délaiffés a relever ; fçavoir, les Fiefs dedans quarante jours, les cotteries dedans fept jours & fept nuits, retournent tout de plein droit à la table du Seigneur dont ils font tenus, qui les peut prendre, & les fruits d'iceux appliquer a fon profit, jufqu'à ce qu'ils foient envers lefdits Seigneurs dûment relevés ou appréhendés, en

les faifant préalablement faifir par Juftice compétante.

XLII.

Tous Seigneurs féodaux ayant droit
de Seigneurie ès lieux à eux appartenant, ou tenus d'eux cottierement, ont
pareille Juftice & Seigneurie ès communes, flégarts, lieux publics & rivieres qui font au devant, ou à l'endroit defdits tenemens. Et s'il y a autre
Seigneur à cet oppofite, y ont un chacun d'eux droit de la moitié, à l'endroit
de leurfdits fiefs & tenemens.

XLIII.

Un chacun Seigneur féodal peut en
fon tenement avoir four pour cuire
pain, & autres chofes néceffaires ; avoir
colombier, tenir taureau & verrat.

XLIV.

Ledit Seigneur féodal a droit d'affeu-
rage de vin, & autres breuvages vendus en détail fur fon Fief, qui eft un lot
pour chacun fonds ; & fe fera ledit af-
feurage par la Juftice du lieu. Et outre,
a ledit Seigneur féodal droit de gambage

bage fur les Braffeurs, qui eft de quatre lots pour chacun braffin.

XLV.

Au Seigneur féodal appartient pour relief par le trépas de fon dernier homme cottier le double de la rente, s'il n'y a relief addicté, ou fait fpécial au contraire.

XLVI.

Si les héritages font baillés par le cottier en furcotterie, au Seigneur féodal de qui font tenues les terres, eft dû par le furcottier, ou furcenfier, pour relief pareille fomme qu'il doit de furcens, & qu'il eft tenu de payer au rentier, ou cottier, par chacun an, s'il n'appert d'autre relief par convention & paction fpéciale.

XLVII.

Quiconque s'allie par mariage à femme ou fille ayant héritages féodaux de fa propriété, doit au Seigneur de qui ils font tenus le relief de bail, fans aucun Chambellage ; & n'eft dû relief de bail par le trépas du mari ; & auffi

pour n'avoir relevé dedans les quarante
jours ; le Seigneur féodal audit cas,
n'a aucunes levées , mais bien peut
faire saisir pour être payé.

XLVIII.

Au Seigneur est dû demi-relief par
la veuve appréhendant son douaire coutumier, sur les fiefs tenus de lui ayant
appartenu au défunt son mari , sans
Chambellage. Et si ce sont héritages
cottiers , elle ne doit aucun relief.

XLIX.

Des droits Seigneuriaux.

En matiere de vendition , donation
ou aliénation d'héritages féodaux , ou
cottiers , il est dû au Seigneur pour ses
droits Seigneuriaux ; sçavoir , pour les
fiefs, le quint du prix principal de la
vente , ou de l'estimation de la chose
donnée , avec un relief , sans Chambellage ; & pour les cottieres, le quart
denier , & sans requint , ou requart,
.encore que la vente soit faite en francs
deniers ; & a ledit Seigneur faculté de
prendre relief , ou droits Seigneuriaux,

pour lesdites cottieres. Toutefois donnant le propriétaire par don d'entre-vifs à son héritier apparent, par avancement de succession, posé que le donateur retienne à lui son viage, appartient tant seulement audit Seigneur droit de relief, comme en fait de succession ; & en matiere d'échange, au cas qu'icelui échange se fasse, but à but, sans soude & sans fraude, sera seulement dû relief aux Seigneurs, sans droits Seigneuriaux ; mais s'il y a deniers baillés ou bourse déliée, outre le relief qui se payera par chacune des parties, seront payés droits Seigneuriaux (au prorata) pour portion des deniers baillés, & par celui qui les aura déboursés.

L.

Des saisies par faute d'homme, droits Seigneuriaux non payés, ou dénombrements non baillés.

Si aucun acquiert aucuns immeubles, & héritages féodaux ou cottiers à quelque titre que ce soit, il est tenu

C ij

insinuer son achat & acquisition dedans quatre mois du jour de la vente & acquisition , & payer au Seigneur ses droits Seigneuriaux tels qu'ils lui pourront appartenir, sur peine de soixante sols parisis d'amende. Et outre led. temps passé , pourra le Seigneur faire poursuite de ses droits , ainsi qu'il verra être à faire , par raison, encore que ledit acquéreur ne lui ait fait faire ladite signification & insinuation. Et toutefois ne sera aucun tenu prendre saisine , ni plus grande sûreté desdits acquêts , s'il ne lui plaît. Et aussi les acquéreurs & acheteurs de rentes rachetables & constituées à prix d'argent, ne seront tenus faire, si bon leur semble , ladite insinuation, & intimation.

L I.

Le Seigneur peut contraindre ses hommes féodaux & cottiers de lui bailler le rapport & dénombrement des Fiefs , & déclaration des cotteries dedans quarante jours du commandement ou publication faite à l'Eglise Paroissfiale des lieux, une fois durant la vie des hommes féodaux & cottiers, & non plus, fur lefquels rapport & dé-claration eft tenu le Seigneur bailler lettres de récépiffé. Et ledit temps paf-fé, par faute de ce faire, pourra faire faifir lefdits héritages féodaux & cot-tiers, pour être régis fous la main de Juftice. Toutefois fi ledit Seigneur étoit en débat pour raifon defdits rap-ports & dénombrements contre fefdits féodaux & cottiers, ils feront ouïs en Juftice, & cependant auront lefdits féodaux & cottiers main-levée de la fai-fie, en payant les frais raifonnables de ladite faifie.

LII.

Le Seigneur féodal peut faire faifir par fa Juftice, ou autre Juftice compé-tante, le tenement, ou héritages tenus de lui cottierement par faute d'homme, ou pour trois années d'arrérages non payés, & le rapproprier à fa table & domaine à perpétuité, pour en faire fon profit, en faifant la faifie fur le lieu,

& le fignifiant aux héritiers du trépaffé, s'ils font dans le Comté, & aux occupateurs, en faifant quatre criées continuelles de quinzaine en quinzaine, à l'Eglife de l'affiette du lieu faifi, au fortir de la Meffe paroiffiale : auffi au plus prochain marché, & au fiege de la Juftice où fe fait le retrait, en ajournant à chacune fois defdites faifie & criées, tous détenteurs & prétendans droit, à jour compétant prochains plaids enfuivant icelles criées, auxquels jours d'affignation fera contre les détenteurs & prétendans droit, donné défaut audit Seigneur, ce requérant fon procureur ; & s'il y avoit oppofition, fera à l'oppofant donné affignation aux prochains plaids enfuivant de la derniere criée ; lefquelles criées faites, & affignations paffées, & oppofition vuidée, fera en pleins plaids & affemblée l'exploit lû : & fi ledit exploit & criées font dûment faites, & certifiées, fera faite pareille affignation, tant en particulier qu'en public, efdits

lieux, ausdits occupateurs & prétendans droit, de comparoir pareillement
audit jour compétant, jour de plaids
ensuivant, pour voir interposer le décret de justice & fournissement desdits
héritages saisis : & s'ils font défaut, le
décret s'adjugera au Seigneur pour en
user comme de son propre.

LIII.

Et quant aux Fiefs, le Seigneur les
peut tant seulement faire saisir & y é-
tablir Commissaire au régime & gouvernement d'iceux, pour en prendre à
son profit les levées, jusqu'a ce que
les héritiers viendront payer & satisfaire dudit relief, & faire tous droits
& devoirs qu'homme féodal est soumis envers son Seigneur souverain.

LIV.

De bailler homme vivant & mourant.

Si aucun College, Monastere, Eglise, Hôpital & Maladerie, & autres
gens de main-morte tiennent à quelque titre que ce soit aucuns Fiefs non

amortis, terres & rentes cottieres, doivent bailler pour iceux Fiefs non amortis, terres & rentes cottieres, & pour un chacun d'iceux, homme de Fief ou cottier vivant & mourant, aux Seigneurs dont ils sont tenus & mouvans, par le trépas duquel homme féodal ou cottier pour ladite Eglise & main-morte, peut user ledit Seigneur de ses droits, & les faire saisir & rapproprier comme en l'article précédent.

L V.

Des Moulins Banniers.

Un Seigneur féodal ayant moulin bannier en son Fief, peut poursuivre son bannier portant son grain moudre à autre moulin par ses sergents & officiers, & prendre le grain & farine avec la bête hors sondit Fief & jurisdiction, & le tout appliquer à son profit : sans pour ce commettre par lesdits Seigneurs féodaux, leurs officiers ou commis, aucune amende envers ledit Seigneur ou la prise sera faite.

LVI.

Des arrérages dûs par les cottiers.

Avant que le Seigneur foit tenu de recevoir relief de l'héritier de fon homme cottier trépaffé, il convient qu'il foit payé des arrérages à lui dûs à caufe defdits héritages cottiers que l'héritier veut relever.

LVII.

Des Ecléches de Fiefs & démembrements d'iceux.

Tous Ecléches & démembrements de Fiefs, font tenus en pareil relief & en pareille charge, que le fort principal dont ils font écléchés & démembrés ; & auffi ceux qui les tiennent ont pareils droits & prééminences à celles qui compétent au Fief principal, & pareille Juftice, s'ils ont hommes jufqu'au nombre requis pour icelle éxercer.

LVIII.

Si deux conjoints par mariage acquierent aucuns Fiefs, & tombent en féparation, par fucceffion ; une cha-

cune partie eſt de ſemblable relief &
charge envers le Seigneur dont il eſt
tenu, comme le corps principal, juſqu'à ce qu'il puiſſe être réuni & re-
tourné en un ſeul corps par ſucceſſion,
qui eſt, quand celui qui a relevé
ladite moitié, ſuccede à l'autre, par la
mort du dernier mourant deſdits deux
conjoints ; & lors par l'appréhenſion
& relief d'icelle ſeconde moitié, icelui
Fief eſt réuni tout en un Fief & un hommage, comme il étoit auparavant.

LIX.
Amendes pour Puits à marne non étoupés.

Amendes de Puits à marne non
étoupés, & tous autres puits, trous à
argille auſſi non bouchés, dont pourront enſuivre danger & péril, & de
nouvelles éteulles de trois jours, ſont
de ſoixante ſols pariſis envers le Roi,
ou le Seigneur, chacun en ſon endroit, & par prévention.

LX.

D'Arrêts pour louages de Maisons non payés.

Le Seigneur ou propriétaire peut arrêter les biens de son Fermier ou louager étant sur son lieu, tant maison de Ville que champêtre ; & même retenir les fruits & levées ayant crû sur la terre jusqu'au fournissement de son dû.

LXI.

De priorité ou postériorité en Ventes d'héritages.

Le Seigneur foncier en cas de vente ou criées du dernier héritage, est préféré devant tous autres pour tous les arrérages à lui dûs à cause de sadite rente fonciere. Et ceux qui ont charge hypotéquée, sont par après aussi préférés selon leur ordre & date de priorité ou postériorité, & sont les autres dettes personnelles sujettes à contribution.

LXII.

Des Successions en ligne directe

Par la Coutume générale dudit Pays, en succession de pere & de mere, en héritages féodaux, au fils aîné appartiennent iceux héritages, à la charge du quint dû aux autres enfants esdits Fiefs, si appréhender le veulent, en faisant l'appréhension & limitation à communs dépens. Et ne payeront lesdits puînés aucun relief à leur aîné pour leur portion dudit quint; mais venus en âge, seront tenus faire la foi & hommage à leurdit aîné, ou autre Seigneur des quatre parts; & avenant la mort desdits puînés, leurs héritiers seront tenus de relever dudit Seigneur des quatre parts, de relief tel que le corps principal du Fief, duquel ledit quint est tenu; & la portion non appréhendée demeure au gros du Fief & Seigneur desdites quatre parts, & n'y ont aucun droit les autres enfants. Et quant audit quint, sera tenu ledit

aîné

aîné faire divifion & féparation d'icelui quint à fefdits freres puînés, à dépens communs, comme dit eft. Et où il feroit de ce faire refufant, ou délayant, iceux puînés jouiront par indivis de leurdit quint avec leurdit aîné jufqu'à ce que ladite divifion & féparation foit faite, & à communs dépens, comme dit eft.

LXIII.

Lefdits Fiefs fe quintent tant feulement aux puînés, en fucceffion de pere & de mere.

LXIV.

En ladite fucceffion le mâle exclut la femelle, encore qu'il foit puîné, enforte que la fœur ne peut demander que fon quint, encore qu'elle foit aînée.

LXV.

Si un défunt ne laiffe que filles, l'aînée a pareil droit ès Fiefs, comme le fils aîné, & à pareille charge.

LXVI.

Et s'il n'y a qu'un fils, pofé que les filles foient plus âgées que lui, il fuc-

D

céde efdits Fiefs à la charge & en la forme deffus déclarée.

LXVII.

Par ladite coutume s'en ufe, en cas pareil, des Fiefs acquêts délaiffés ab inteftat.

LXVIII.

En ladite fucceffion, en tous héritages patrimoniaux, cottiers, l'aîné fils fuccéde au pere & à la mere, & n'y ont les autres enfants aucune part ou portion, pofé qu'il y eût fille plus âgée ; finon entre nobles, entre lefquels le frere aîné fera tenu bailler à fes puînés la jufte valeur d'eftimation du quint defdits héritages patrimoniaux & cottiers, en deniers comptants ou rente rachetable au denier feize : lefquels deniers, & auffi ceux qui procéderont du rachat de ladite rente, lefdits puînés feront tenus employer en héritages fortiffant pareille nature & condition.

LXIX.

Et s'il n'y a fils, à l'aînée fille appar-

tient toute ladite fucceffion des héritages cottiers, à la charge & conditions
déclarées en l'article précédent , en
tant que touche lefdits nobles.

LXX.

Et par ladite coutume, acquêts cottiers, & meubles fuccédés ab inteftat,
fe partiffent également aux enfants des
acquêteurs chacun par égale portion.

LXXI.

Acquêts féodaux , ou cottiers, réa-
lifés ou non, délaiffés par les acquêteurs
ab inteftat, fans enfants légitimes, retournent au pere & à la mere, ou à
l'un d'eux vivant , & le femblable fe
doit faire des meubles.

LXXII.

Par ladite coutume les meubles &
acquêts faits par deux conjoints , tant
d'héritages féodaux que cottiers ; fi
l'un deux va de vie à trépas ab inteftat,
font partables entre le furvivant, &
l'héritier ou héritiers du trépaffé , payant par lefdits héritiers tous les ob-
féques , & la moitié des dettes com-

munes. Et si le premier trépassé délaisse plusieurs enfants mâles & femelles ab intestat, le fils aîné, s'il y a plusieurs fils, ou s'il n'y a qu'un fils, icelui fils, & s'il n'y a point de fils, la fille aînée succéde en la totalité de la moitié d'iceux acquêts, si ce sont Fiefs de nobles tenemens, à la charge dudit quint selon qu'il est dit ci-dessus. Et si lesdits acquêts sont cottiers, ils se partissent également ; & n'y a le fils non plus que la fille, comme dessus est dit. Et si le trépassé ne laisse enfant, la moitié d'iceux acquêts féodaux ou cottiers, & desdits meubles & dettes appartient au plus prochain parent du trépassé.

LXXIII.

Toutes granges & étables qui ne tiennent au corps du logis manable, & les blancs-bois croissant sur héritages qui ne servent de radots en la maison & édifices, & aux arbres fruitiers, sont réputés meubles qui se partissent ab intestat entre enfants cohéritiers, tant seulement succédant par égale portion, & en peut néanmoins difpofer le propriétaire, & en faire don à qui bon lui femble ; toutefois pourra l'héritier, fi bon lui femble, avoir lefdits blancs-bois, granges & étableries, en payant la jufte valeur & eftimation.

LXXIV.

Le mort faifit le vif fon plus prochain héritier habile à lui fuccéder.

LXXV.

La repréfentation n'a lieu en quelque fucceffion que ce foit.

LXXVI.

Entre neveux ou niéces, defquels les pere & mere font morts, prétendant la fucceffion de leurs grand-pere ou mere, l'aîné mâle d'iceux neveux fuccéde entiérement en tous les héritages de fefdits grand-pere ou mere ; & s'il n'y a point de mâle, la niéce aînée y fuccéde, & n'y ont tous les autres neveux ou niéces aucune part ou portion : car on n'a en telle fucceffion aucun regard aux pere & mere d'iceux neveux ou niéces ; parce que comme

deſſus eſt dit, repréſentation n'a point
de lieu.

LXXVII.

En ligne directe, le baíl des mineurs
appartient aux pere ou mere, ou à l'un
d'eux ſurvivant, poſé qu'il ne fût habile
à ſuccéder ès héritages d'icelui mineur ;
durant lequel bail ont leſdits bailliſtres
à leur profit, ſans rendre compte, tous
les fruits revenus & profits des héritages, rentes, droits & revenus d'iceux
mineurs : toutefois ſont tenus de rendre compte des meubles, & auſſi rendre
indemnes leſdits mineurs, enfin de
bail, de toutes dettes & obligations
perſonnelles, & reliefs dûs par le mineur, le nourrir, entretenir, & faire
apprendre comme à ſon état appartient ; deſquels meubles il ſera tenu
faire faire inventaire & priſée, & dure
ledit bail ; ſçavoir, quant aux enfants
mâles, juſqu'à ce qu'ils aient atteint le
quinziéme an de leur âge, & quant aux
filles, le onziéme.

LXXVIII.

Chacun des enfants d'un trépaſſé, auxquels ſont échus pluſieurs héritages féodaux, peut relever par ſimple relief partie deſdits héritages, & l'autre, une autre partie, le tout par ſimple relief, & comme héritier de ſon pere ou mere, ſi ainſi le conſent le fils aîné; & à faire leſdits reliefs, le Seigneur de qui leſdits héritages ſont tenus, n'y peut contredire.

LXXIX.

Tant que la ligne directe dure, n'a lieu la ligne collatérale.

LXXX.

Audit Comté n'y a aucuns héritiers néceſſaires, ſoit en ligne directe, ou collatérale.

LXXXI.

Des ſucceſſions en ligne collatérale.

Si aucun va de vie à trépas, ſaiſi & adhérité d'aucuns héritages féodaux, ou cottiers, ſans enfants de ſa chair procréés en mariage, délaiſſant pluſieurs de ſes parents en ligne collatérale, en pareil degré, iſſus de divers ventres, tous venus du côté dont ſont ſuccédés les héritages ; à l'aîné, ſoit mâle ou femelle, appartient la totale ſucceſſion féodale ou cottiere. Mais ſi leſdits parents étoient tous d'un ventre, le fils en déboute du tout la fille, poſé qu'elle fût aînée.

LXXXII.

Et ab inteſtat, s'en fait pareillement des biens meubles, cattels, & acquêts.

LXXXIII.

En ladite ſucceſſion en ligne collatérale, n'a qu'un ſeul héritier ; & n'a lieu tant en ligne directe que collatérale, droit de repréſentation, comme deſſus eſt dit.

LXXXIV.

Tous héritages ſuivent la cotte & ligne, ſuccédant au plus prochain héritier d'icelle cotte & ligne, dont auparavant ils étoient ſuccédés, ſans ce qu'autrui d'autre côté & ligne, encore qu'il fût plus proche parent, y pût prétendre aucun droit ; trop bien ſuccéde

ès biens meubles, dettes & acquêts dé-
laissés par le décédé, s'il n'en a autrement disposé.

LXXXV.

Entre freres & sœurs, les héritages
féodaux ou cottiers venant des prédécesseurs, succédent à l'aîné frere survi-
vant, ou à l'aînée sœur, s'il n'y a aucuns frères ; & les meubles, dettes,
cattels & acquêts succédent aux sur-
vivants par égale portion, & ab inteftat.

LXXXVI.

Le bail des mineurs en ligne collatérale, appartient à celui qui est le
plus prochain héritier apparent, habile
à succéder de la cotte & ligne dont
procédent les héritages, si aucuns en
ont. Et se régle ledit bail pour la proxi-
mité selon la succession : ayant le Bail-
liftre, sans rendre compte, à son profit,
tout le revenu desdits héritages, & à
la charge de rendre compte des meubles, & rendre indemnes lesdits mineurs de toutes dettes & obligations
personnelles, payer les reliefs, les

nourrir, entretenir & faire apprendre comme à leur état appartient. Et desquels meubles il sera tenu faire inventaire & prisée ; & dure ledit bail quant aux mâles & femelles, comme dessus est dit, en ligne directe.

LXXXVII.

Des donations faites entre-vifs, & dispositions testamentaires.

Chacun peut, par don d'entre-vifs, & en derniere volonté, disposer & ordonner à sa volonté, à tel qu'il lui plaît, de ses meubles, dettes, cattels & acquêts, sans le consentement de son héritier apparent.

LXXXVIII.

Chacun peut donner par don d'entre-vifs, & en derniere volonté, le quint de tous ses héritages féodaux, sans le consentement de son héritier apparent (qui se nomme vulgairement quint datif) & est hérédital, & se leve devant le quint naturel, sur tous héritages féodaux & patrimoniaux.

LXXXIX.

Pareillement peut un chacun par don d'entre-vifs, & en derniere volonté, donner a tel qu'il lui plaît, le revenu de trois ans de tous ses héritages féodaux & cottiers ; & s'entendent iceux trois ans, des trois ensuivant immédiatement le trépas d'icelui donateur, si autrement n'en a disposé icelui donateur.

LXXXX.

Et doit être ledit quint datif tenu du Seigneur des quatre parts, à pareil relief, charges & redevances, que doit le corps dudit Fief, dont doit pour l'appréhension au Seigneur des quatre parts, la cinquiéme partie par estimation de la valeur, avec relief, sans Chambellage.

LXXXXI.

Chacun peut par don d'entre-vifs, ou en derniere volonté, donner en avancement d'hoirie à son héritier apparent, au jour dudit transport, ses héritages à lui venus de la succeſſion de ſes prédéceſſeurs, ſans le conſentement de ſes autres enfants, parents & amis, à la charge toutefois du quint naturel aux puînés. Et ledit héritier apparent peut retenir & appréhender leſdits héritages ainſi à lui donnés ou légués, par un ſimple relief & Chambellage.

LXXXXII.

Un chacun peut donner ſes héritages venus de ſes prédéceſſeurs, à telles perſonnes que bon lui ſemble, & autre que ſon héritier apparent, par le conſentement dudit héritier apparent : autrement le don ne doit ſortir aucun effet.

LXXXXIII.

Le mari peut donner par don d'entre-vifs les acquêts par lui faits conſtant le mariage, ſoit réaliſés ou non, pareillement ſes meubles, dettes & cattels, ſans le conſentement de ſa femme ; mais par teſtament & en derniere volonté ne pourroit diſpoſer que de ſa moitié, demeurant la femme en

son

ſon entier, en l'autre moitié, dont elle peut pareillement diſpoſer par teſtament, comme ſon mari. Mais entre-vifs, elle ſeule ſans l'autorité de ſon mari & conſentement, ne peut diſpoſer d'aucune choſe.

LXXXXIV.

Le mari ne peut avancer la femme, ni la femme le mari, par don d'entre-vifs & ordonnance de derniere volonté.

LXXXXV.

Avant que le donataire puiſſe jouir du don à lui fait, & en faire ſon acquêt, faut qu'il appréhende par miſe de fait, en Juſtice compétente, le donateur, ou s'il eſt décédé, les héritiers d'icelui, & le Seigneur féodal, dont la choſe eſt tenue & mouvante appellé, & icelui Seigneur dûment content de ſes droits.

LXXXXVI.

Le Seigneur féodal ayant trois hommes de Fiefs tenus de lui, a par la commencement de cour, en accroiſſement de laquelle il peut, par diminution du quint datif de ſa terre, donner puiſſance & autorité de créer deux hommes de Fief, & pour la création donner partie de ſon Fief à une ou deux perſonnes, telles qu'il lui plaît, qui les tiendront de lui féodalement, afin d'avoir cinq hommes de Fief & ſa cour complette, pour pouvoir exercer toute juſtice en ſondit Fief.

LXXXXVII.

Des Matieres de Douaire, Communauté de biens, & renonciation d'icelle.

La femme dès l'inſtant de la conſommation de ſon mariage acquiert droit de douaire coutumier ſur les héritages, terres, revenus & poſſeſſions réelles qui appartenoient à ſondit mari à l'inſtant dudit mariage ou ont appartenu, & à lui ſont advenus durant & en aucun temps d'icelui, pour en jouir après le trépas de ſondit mari.

LXXXXVIII.

Le droit de douaire eſt la moitié ès Fiefs, & le tiers ès cotteries, pour en jouir durant la vie de la douairiere, tant ſeulement, en ce non compris les acquêts faits durant & conftant leur mariage, quant auxquels ladite douai-riere ne peut prendre aucun ufufruit en la portion appartenant aux héritiers de fondit mari : & davantage par Coutume locale en la Ville de Bou-logne, bourgades & banlieue d'icelle, une femme n'a point de douaire s'il ne lui eft convenu en traitant fon ma-riage, & n'y a lieu droit de douaire coutumier, ni auffi en plufieurs autres Villes de loi & Echevinage.

LXXXXIX.

Et eft ladite douairiere chargée en fa part & portion durant fa vie des charges réalifées, rentes foncieres & hypotheques précédant la confomma-tion du mariage, & non des charges créées depuis icelle confommation.

C.

Un douaire n'eft dû, s'il n'eft ap-préhendé, limité & féparé aux dépens de la douairiere à l'encontre du pro-priétaire ; pour laquelle appréhenfion faire eft befoin intenter mife de fait,

& décret fur ce enfuivi contre l'héritier, le Seigneur dûment appellé, les héritiers du mari, & autres qui feront à appeller.

CI.

Le douaire eft préféré au devant de toutes obligations perfonnelles précédentes le mariage, & de toutes hypotheques créées & engendrées depuis la confommation.

CII.

S'il fe fait contredit au douaire prétendu, aura la douairiere pendant le procès le tiers de fa demande, par forme de provifion de vivre, en baillant par elle caution à tout le moins juratoire de rendre le reçu & perçû enfin de caufe, fi faire fe doit.

CIII.

Et peut la veuve renoncer aux biens communs d'entre fon mari & elle, dedans quarante jours du trépas de fon mari, en faifant dûment ladite renonciation & fans fraude en Juftice compétente, l'héritier appellé ; & partant

se rend exempte de toutes dettes que
devoit son feu mari, demeurant en son
entier pour son droit de douaire, & ès
héritages procédant de son chef, qu'elle
peut prendre sans charges desdites dettes. Mais si elle est trouvée avoir clan-
destinement, ou autrement recellé,
transporté, ou fait transporter aucuns
biens devant ou après ladite renonciation, elle seroit soumise en la moitié
des dettes dudit feu son mari, nonobstant ladite renonciation.

CIV.

Et peut, si bon lui semble, ladite
veuve appréhender la moitié desdits
biens communs ou partie d'iceux ; en
quoi faisant se soumet au payement de
la moitié des dettes & obligations personnelles.

CV.

La femme a faculté après le trépas
de son mari de prendre droit de douaire
coutumier ou convenancé & préfix,
en appréhendant lequel douaire convenancé, n'est aucunement privilégié

d'elle, ains réputé pour simple dette personnelle pour venir à la contribution des biens du mari contre un autre créancier, en cas de rompture, en ce qu'il excederoit le douaire coutumier; & aussi elle paie droits Seigneuriaux au Seigneur de qui lesdits héritages sont tenus; sçavoir, le quint denier de la valeur dudit outre plus, si ce sont Fiefs, ou le quatrieme, si ce sont cotteries; & si faut qu'elle releve pour les Fiefs, comme dessus est dit.

CVI.

La douairiere décédant avant la mi-Mai, ou jour de Saint Jean-Baptiste, ayant fait labourer ou ensemencer terres étant de son douaire, tant de bleds que mars, en chacun desdits cas, les bleds jusqu'au jour dudit mi-Mai inclus, & lesdits mars jusqu'au jour de Saint Jean-Baptiste inclus, sont réputés immeubles demeurant au profit de l'héritier du feu mari, en rendant les labeurs & semences aux héritiers de ladite douairiere : après lesquels jours

passés sont lesdits advetures & em-
blaveures réputés meubles , succédant
aux héritiers de ladite douairiere : &
si bon lui semble se remarier, ne perd
partant ladite femme les droits à elle
appartenant.

CVII.

La douairiere a tant seulement droit
d'usufruit, ès chênes, arbres fruitiers,
& ceux qui servent de radots aux maisons & jardins , sans les pouvoir faire
abattre. Toutefois si l'héritier les faisoit couper, ou abattre, en peut ladite
veuve prendre la moitié, pourvû que
ce ne soit pour employer en réfection
desdites maisons & moulins succédés
audit héritier, esquels elle prend droit
de douaire; auquel cas elle ne peut demander aucune portion ausdits arbres
ainsi coupés par l'héritier, si non aux
coupiers.

CVIII.

N'a la douairiere aucun droit de
douaire aux châteaux & maisons fortes,
ou colombier, & portes de la maison:

demeurant toutefois en la moitié de toutes autres maisons, granges & étables, pour les Fiefs, & au tiers, pour les cotteries, en faisant son appréhension & limitation comme dessus.

CIX.

En faisant par la douairiere la limitation, tant en Fiefs qu'en cottieres, demeure la premiere part au choix & élection de l'héritier, choisissant par après pour les cottieres la douairiere telle partie des deux demeures, que bon lui semblera.

CX.

Toutefois en faisant par l'héritier maison de demeure suffisante, & comme à son état appartient, sur la cour, & la part de la douairiere équivalente à la part qu'elle pourroit prétendre sur le corps du logis, demeureroit le tout d'icelui logis au profit d'icelui héritier.

CXI.

Et s'il y a plusieurs maisons ayant appartenu audit défunt son mari, l'héritier pourra bailler pour demeure,

maison, grange & étable à la douairiere selon son état, demeurant au surplus en son droit de douaire, tel qu'il
lui appartient, selon la limitation.

CXII.

Laquelle maison, grange & étable,
icelle veuve doit entretenir sa vie durant, suffisamment, comme un bon
pere de famille est tenu faire.

CXIII.

La douairiere a son droit de douaire
pour l'usufruit, ès bois à coupes ordinaires, tant Fiefs que cotteries, en
délaissant les étalons.

CXIV.

Et quant aux blancs-bois étant par
dessus lesdites coupes ordinaires, la
douairiere en a sa part, pour en prendre
les profits une fois en sa vie; mais les
pourra l'héritier retenir, en payant la
prisée en telle valeur que s'ils étoient
abattus, quarante jours après la prisée
dûment faite par Justice compétente,
l'héritier appellé dûment.

CXV.

Pour acquérir droit réel.

Par la Coutume pour acquérir droit réel & hypotheque ès héritages féodaux & cottiers, vendus, tranſportés, ou changés, eſt néceſſaire y entrer par les voies qui enſuivent ; ſçavoir, par rapport & ſaiſine de l'immeuble, faits par le propriétaire en la cour du Seigneur dont l'héritage eſt tenu & mouvant, au profit de l'acheteur, donataire, ou créditeur : & par après doit la ſaiſine être baillée par la Juſtice du lieu à icelui vendeur, donateur, acheteur, ou créditeur en jugement ; & l'autre, par main aſſiſe & miſe de fait, décret ſur ce obtenu en Cour Royale ; en chacune deſdites voies, les Seigneurs appellés, payés & contentés de leurs droits.

CXVI.

Et ſont qui ainſi ont acquis les droits réels préférés au devant de tous droits perſonnels.

CXVII.

Et ceux qui ont droit réel ſur aucuns

héritages & immeubles, vont l'un après
l'autre en ordre de date d'hypotheque
& droit réel, & non en date de lettres
de venditions, ou obligations perfonnelles.

CXVIII.

Et l'hypotheque acquife par main
affife, décret fur ce enfuivi, fe retro-
trait ledit décret pour la préférence,
au jour de l'exécution de la main affife.

CXIX.

*Autres Coutumes ayant lieu dans ledit
Comté en plufieurs autres matieres.*

La Coutume eft telle, qu'un enfant
mâle eft âgé fuffifamment depuis qu'il
a atteint le quinziéme an de fon âge,
& une fille, quand elle a atteint le
onziéme ; en telle forte que lefdits en-
fans, mâle, ou femelle, ainfi âgés
peuvent efter en jugement, faire & paffer tous contrats licites & raifonnables,
excepté quant à la vendition de leurs
immeubles, lefquels s'ils font mineurs
de vingt-cinq ans, ne pourront vendre,
engager, n'y aliéner fans décret &

autorité de Juſtice, les ſolemnités à ce requiſes, gardées & obſervées.

CXX.

Quiconque jouit, poſſede, ou demeure paiſible d'aucune choſe mobile, ou immobile, droit corporel ou incorporel, à titre, ou ſans titre, entre préſens ou abſens, le temps & eſpace de vingt ans continuels & ſuivant l'un l'autre ; tel poſſeſſeur acquiert le droit & propriété de la choſe ainſi par lui poſſédée, en telle maniere que ceux qui auparavant y euſſent pû prétendre droit, en ſont forclos, privés & déboutés, & toutes actions éteintes & abolies ; déduit toutefois dudit temps & eſpace de vingt ans, le temps de minorité & hoſtilité, qui auroit été telle, que durant icelle on n'auroit pû agir n'y défendre : & auſſi celui qui ſe voudra aider de ladite preſcription de vingt-ans, ſera tenu alléguer titre ſuffiſant & valable, à tout le moins pour acquérir preſcription, ſans toutefois qu'il ſoit tenu le vérifier, ſi bon ne lui ſemble.

CXXI.

CXXI.

Et combien que par la Coutume le mort faifit le vif, fon plus prochain héritier; toutefois eft requis que ledit héritier releve les héritages à lui fuccédés, avant qu'il puiffe avoir droit à l'encontre du Seigneur dont il eft tenu & mouvant, & qu'il en puiffe jouir.

CXXII.

Quiconque prend ou appréhende les biens ou héritages d'aucun trépaffé, il fe foumet à purger & acquitter les dettes & obligations perfonnelles & autres dudit trépaffé, fauf à l'héritier ou légataire univerfel immobiliaire, ayant appréhendé les immeubles, d'avoir fon recours de garant contre l'héritier ou légataire univerfel defdits meubles, qui eft foumis d'acquitter & purger ledit héritier immobiliaire d'icelles dettes & obligations perfonnelles.

CXXIII.

Si aucun, au nom & titre d'héritier, releve les acquêts d'un trépaffé, fortiſſent iceux acquêts audit héritier, condition & nature d'héritages patri-moniaux, en telle maniere qu'il ne les peut vendre, donner, tranſporter, charger ou aliéner, ſans garder les voies introduites ès matieres d'héri-tages patrimoniaux.

CXXIV.

Nul ne peut donner, vendre, ni autrement aliéner ſon héritage à lui venu de ſes prédéceſſeurs, ſi ce n'eſt quant à matiere de don, par le conſen-tement exprès de ſon héritier apparent. Et quant à vendition ou autre aliéna-tion par néceſſité jurée par le vendeur & vérifiée par deux témoins dignes de foi, ou auſſi par le conſentement de ſondit héritier.

CXXV.

Rentes viageres ou héritables, conſ-tituées à prix d'argent, & autres dettes & obligations dont hypotheque & droit réel ne s'eſt enſuivi par l'une des ma-nieres des ſuſdites, ſont réputées meu-bles & perſonnelles, & ne portent hypotheque sur les obligés, ni sur les biens meubles, ou immeubles.

CXXVI.

Chacun peut bailler à rente ses héritages féodaux & cottiers sans fraude, à tel qu'il lui plaît, sans le consentement de l'héritier apparent, & est soumis audit arrentissement, tant le bailleur qui est le Seigneur féodal, que le preneur & leurs hoirs. Mais si le bail se fait par homme cottier, & que le Seigneur féodal n'y soit appellé, n'y est icelui Seigneur aucunement soumis.

CXXVII.

Un chacun peut sans fraude bailler à chacun que bon lui semble, ses héritages & immeubles à juste prix, à titre de ferme & louage, pour le temps & espace de trois, six & neuf ans, sans appeller le Seigneur dont ils seroient tenus & mouvans : & si le bailleur décédoit auparavant le bail expiré, & que lesdits héritages ou immeubles par faute d'homme, reliefs & arrérages non payés retournassent au domaine dudit Seigneur, seroit ledit Seigneur tenu de laisser parachever le louager, en lui payant le droit de la ferme.

CXXVIII.

Toutes personnes nobles & gens d'Eglise peuvent franchement acheter & vendre en tous lieux que bon leur semble dudit Comté du Boulonnois, pour eux & leurs maisons, toutes bêtes & autres choses dont est dû tonlieu, sans payer icelui droit de tonlieu : mais si ce sont personnes non nobles, ils doivent ledit tonlieu, supposé qu'ils soient demeurant sur leurs Fiefs, si ce n'est que la vente ou achat se fasse sur leurs Fiefs & ès mettes d'iceux.

CXXIX.

Des matieres de rentes & arrérages d'icelles.

Un Seigneur est tenu de demander suffisamment sa rente après le terme échu, & le faire crier à l'Eglise, auparavant qu'il soit reçu d'en intenter action, & faire poursuite par Justice.

CXXX.

Le tenant rentier, une fois en fa vie, eſt recu à propoſer & affirmer avoir payé fa rente à fon Seigneur, ſes receveurs ou commis ; & en affirmant l'avoir payé, demeure quitte de tous arrérages précédens.

CXXXI.

Des clôtures de pâturage.

Chacun peut licitement enclorre le quint de ſon Fief, & au moyen de ce le tenir franc en tout temps de l'an, & en jouir franchement par lui, ſes cenſiers & rentiers. Et quant aux cotteries, chacun peut licitement & valablement enclorre juſqu'à une meſure, ou cinq quarterons de terre cottieres, ſoit labourable ou autre ſur chemin ou flégart, ou en bouts & iſſues de ville, & au moyen de ladite clôture, le tenir franc en tout temps de l'an, pourvû qu'il faſſe ledit enclos jardiner, planter & y édifier une maiſon manable, ſans préjudice toutefois des anciens enclos, leſquels de leur nature sont francs , & dont les propriétaires ont d'ancienneté accoutumé jouir franchement , qui demeureront en leur franchise accoutumée , sans que personne ait droit d'y pâturer en quelque temps de l'année que ce soit.

CXXXII.

Tous riez & pâturages qui de leur nature ne sont francs , tout le temps de l'an , sont francs du tout au profit de ceux à qui ils appartiennent , en temps clos , qui est depuis la mi-Mars jusqu'au jour de Saint Pierre entrant Août exclus , pour par celui ou ceux à qui lesdits riez & pâturages appartiennent , & non autres , pouvoir les faire pâturer & dépouiller pour leur bétail , & autrement si faire le veulent. Et si dedans ledit jour Saint Pierre ne les ont dépouillés ou pâturés , les peuvent encore tenir francs jusqu'au jour Saint Remi exclus ; en les faisant houppelonner dès la mi-Mars : & ledit jour de Saint Remi venu , soit qu'ils les

aient dépouillés ou non , lefdits riez
& pâturages font publics & communs
jufqu'à la mi-Mars enfuivant. Et quant
aux prés, un chacun s'il n'a privilége
ou jouiffance dûment prefcrite de tenir
fes prés francs en tout temps, eft tenu
les faucher & dépouiller dedans ledit
jour Saint Pierre entrant Août , &
non plutôt , s'il ne lui plaît. Et ledit
jour de Saint Pierre paffé , & non plutôt , un chacun pourra , qui voudra ,
faire pâturer fon bétail dedans iceux
prés , encore qu'ils ne fuffent fauchés.
Et fi devant ledit jour Saint Pierre
iceux prés font fauchés, ladite fauche
faite , & les foins chariés & emmenés,
pourra femblablement qui voudra ,
faire pâturer fondit bétail dedans lefdits prés.

CXXXIII.

Et ne peut une Paroiffe d'un village
entreprendre fur le territoir d'autre
village, n'y paffer fes limites.

CXXXIV.

De retrait lignager, & retenue par puissance de Fief.

Chacun parent de la cotte & ligne dont sont échûs les héritages, peut retraire iceux héritages dedans l'an de l'hypotheque & réalité acquise, en remboursant l'acheteur du sort principal, frais d'hypotheque, mises de Justice, & loyaux coutemens.

CXXXV.

Et est en ce cas le plus prochain de ladite cotte & ligne dont sont venus les héritages du vendeur, préféré, en sorte qu'on se regle audit retrait, comme en matiere de succession.

CXXXVI.

Et pour faire ledit remboursement, ledit retrayant doit en cas de refus consigner les deniers ès mains de Justice, dedans l'an de la réalité & possession acquise par décret de saisine ou dessaisine, auparavant si bon lui semble.

CXXXVII.

Et en fait ledit parent ainsi retrayant

son héritage patrimonial pour tenir sa
cotte & ligne.

CXXXVIII.

Et lors que l'acheteur viendra pour
prendre sa saisine ou possession en quelque Justice que ce soit, le Seigneur
peut retenir quarante jours ledit héritage ainsi vendu, pour s'aviser de le
retenir & rapproprier au corps de sa
Seigneurie, ce qu'il peut faire en faisant pareil remboursement que dessus
audit acheteur. Et lesdits quarante
jours passés, est tenu de consentir la
possession audit acheteur, en lui payant
ses droits. Toutefois est le parent li-
gnager préféré audit Seigneur quant
audit retrait, & sur lequel il le peut
pareillement retraire dedans ledit
temps de la possession & réalité.

CXXXIX.

Autres Coutumes ayant lieu audit
Comté en diverses matieres.

Tous bleds verds & grains de Mars
sortissent nature & condition de fonds
& héritage ; sçavoir, les bleds depuis

la semoison jusqu'au mi-Mai , & les Mars jusqu'au jour de S. Jean-Baptiste, après lesquels jours passés , sortissent nature & condition de meubles.

C X L.

Le créancier peut en faisant commettre curateur aux biens vacants , requérir adjudication des biens & héritages d'un trépassé , pour le payement de sa dette , en payant droits Seigneuriaux , avec reliefs tels qu'ils appartiennent au Seigneur ; n'étoit que le Seigneur voulût à soi retenir l'héritage pour son droit Seigneurial, en remboursant la dette dûment verifiée , ou qu'autrui voulût par dessus ce encherir.

C X L I.

En cas de déconfiture ou rompture tous créanciers viennent à contribution.

C X L I I.

Un sergent est crû par son serment d'avoir fait prise de bêtes en dommage, dont lui est dû trois sols pour sa prise, si c'est à la requête de partie , mais s'il

ɔ'y a partie , ne lui appartient que
ɗouze deniers.

CXLIII.

Chacun tavernier & cabaretier ;
vendant vivres en détail , est crû par
ſerment de la vente par lui faite juſqu'à
cinq ſols un denier tournois.

CXLIV.

Le tenant rentier ou ſurcenſier peut
toutefois qu'il lui plaît , partie préſente ou dûment appellée , rendre &
délaiſſer à celui de qui il tient à rente
ou ſurcens ſon tenement en payant les
arrérages , avec l'année enſuivant ;
pourvû toutefois qu'il rende l'héritage
ainſi par lui délaiſſé , en auſſi bon état
& valeur qu'il étoit au temps de la priſe.
En ce faiſant eſt déchargé de la rente
& arrentiſſement , ſi le Seigneur n'a
aucun fait ſpécial au contraire , pour
empêcher ledit délaiſſement.

CXLV.

La dîme de laine & des agneaux eſt
dûe à celui au dîmage duquel les bêtes
giſſent & pernoctent

CXLVI.

Le Seigneur ayánt reçû ſa rente par trois ans continuels, d'un qui ſe dit être ſon tenant rentier, eſt par ledit paye-ment tenu & réputé pour rentier, & pour tel confeſſé par le Seigneur.

CXLVII.

Chênes que l'on dit tayons, de l'âge de ſoixante ans, ou par deſſus, croiſ-ſant ſur les terres & ès biens d'aucuns Seigneurs propriétaires, appartiennent du tout à icelui Seigneur propriétaire ſans que l'uſufruitier ou douairiere y pût prétendre aucun droit : trop bien ès bois de coupe ordinaire.

CXLVIII.

Si aucun prétend réalité par main affiſe de ſaiſine, ou autrement, de quelque rente à rachat, ou immeu-bles, le vendeur ou conſtituant peut juſqu'au premier jour ſervant à la main affiſe, ou la deſaiſine faite en la cour du Seigneur, rembourſer l'ache-teur, ſans être ſoumis à aucun droit.

CXLIX.

CXLIX.

Biens meubles fuivent le corps, mais les héritages font fujets à la Coutume du lieu où ils font affis.

CL.

Toutes obligations autentiques font tant feulement exécutoires durant la vie de l'obligé, après le trépas duquel faut faire convenir l'héritier, pour avoir nouveau titre avant que pouvoir procéder par exécution.

CLI.

Tous Officiers & praticiens de ladite Sénéchauffée font tenus réfider fur le lieu, & les Officiers des Seigneurs audit Comté & Reffort de la Jurifdiction de ladite Sénéchauffée.

CLII.

Tous Officiers, Avocats, & praticiens dudit Siege, ont leurs caufes commifes en ladite Sénéchauffée, fans être foumis à aucun renvoi.

CLIII.

Quiconque eft pourfuivi pour répondre à lettres en la Juftice de ladite

Sénéchauffée, eft foumis y répondre, fans pouvoir requérir renvoi.

CLIV.

De toutes matieres de puits, rivieres & autres lieux dangereux, réfections de chemins, ponts & paffages, & toutes matieres concernant les veuves, fervices, falaires & loyers, mineurs d'ans, infenfés, orphelins, & autres gens miférables en appartient la connoiffance par prééminence de prérogative au Juge Royal, fans être foumis à aucun renvoi.

CLV.

Coutumes fur le fait des chemins, rivieres, plantages de hayes, bornes & vente de bois.

Chemins font de plufieurs fortes & manieres, & tous fe doivent rapporter & mefurer au pied de Roi.

CLVI.

Un chemin Royal qui eft communément le grand chemin, par lequel l'on va d'un pays ou d'une Ville à autre , doit contenir de largeur foixante pieds.

CLVII.

Sur lequel chemin Royal nul ne peut faire ponts , planches , planter hayes , piquer, houer, ne mettre autre empêchement qu'il ne demeure en ladite largeur , à peine de foixante fols parifis d'amende au Roi , qui comme fouverain Seigneur a la connoiffance des abus qui fe peuvent commettre fur lefdits grands chemins , encore qu'ils paffent par la terre d'aucun Seigneur particulier.

CLVIII.

A l'endroit duquel chemin eft tenu le laboureur laiffer efpace de trois royes contre le labourage, pour doute que la terre labourée ne gagne fur ledit chemin Royal , fur pareille amende de foixante fols parifis envers le Roi.

CLIX.

Un chemin que l'on dit Viscomtier en aucun lieu, traversant au chemin croisier, doit contenir trente pieds de largeur.

CLX.

Un chemin que l'on dit Châtelain, doit contenir de largeur vingt pieds.

CLXI.

Un chemin forain, doit contenir quinze pieds.

CLXII.

Un chemin pour issue de ville volontaire doit contenir onze pieds.

CLXIII.

Esquels chemins nul ne peut faire ponts, planches, ou autres empêchements.

CLXIV.

Un chemin fentier appellé fente, fe peut clorre & ouvrir d'un héze, & doit contenir cinq pieds, fur lequel on peut feulement aller à cheval & à pied, & mener & ramener fes bêtes, fans amende.

CLXV.

Une piéfente eft un chemin privé, qui n'eft foumis à tous ufages, & doit contenir deux pieds & demi, par lequel l'on peut feulement aller à pied, & non point mener ou ramener bêtes; & s'y peut mettre planches & fautoirs.

CLXVI.

Si aucuns veulent planter hayes contre iceux chemins, doivent laiffer pour le rejet d'icelles hayes, par dedans les bornes, vers vent de la mer, pied & demi; & au deffous d'iceux

vents, deux pieds & demi ; le tout
au pied de Roi comme deſſus.

CLXVII.

Si aucun veut aſſeoir maiſon à l'encontre deſdits chemins , ou flégarts,
il doit aſſeoir auprès deux bornes ; &
entre maiſons étant l'une contre l'autre, l'on doit laiſſer goûtieres de deux
pieds & demi à couverture d'étrain ,
& un pied & demi à couverture de
tuille.

CLXVIII.

Si aucuns veulent planter ès jardins ou manoirs, l'un contre l'autre,
ils doivent par le droit coutumier dudit pays du Boulomnois , laiſſer rejet
comme deſſus eſt dit : c'eſt à ſçavoir,
par dedans leurs bornes , vers le vent
de mer , un pied & demi , & au deſſous d'icelui vent , deux pieds & demi ; & s'ils font clôture de morte
haye , cela ſe doit faire de borne à

autre : & s'il y avoit aucunes bornes renverſées, elles doivent être redreſſées à plomb & ligne par un meſureur juré.

CLXIX.

Si aucuns veulent planter jardins, hayes, ou enclos contre terres ahanables, ils doivent laiſſer à tous les rejets, par dedans leurs bornes, deux pieds & demi, & ne doit nul faire plants entre parties, s'il n'appert par vraies bornes.

CLXX.

S'il y a aucunes hayes, ou arbres pendant ſur les jardins l'un de l'autre, l'on doit ſommer par Juſtice celui à qui leſdites hayes ou arbres appartiennent, qu'il les faſſe ébrancher, à peine d'amende.

CLXXI.

Si aucuns font enclos, ou ralonge-

ment de Ville ou de jardins, ils doivent par l'ufage dudit Pays du Boulonnois, tout clorre entierement de liftef
& debout, vers les terres ahanables,
& fe doit faire ladite clôture à tousu
lez, à l'encontre defdites terres ahanables, de vives hayes ou mortes,
par dedans fes bornes, deux pieds &
demi, comme deffus eft dit.

CLXXII.

Si aucunes hayes font entre aucuns
jardins fans bornes, & queftion fe
meut entre les parties, on fe doit
fonder fur les anciennes épines, portant ligne de l'une à l'autre, & fe
doit enquête faire de la premiere fondation & édification de la Ville; &
celui qui fera trouvé premier fondé en
ralongeant ladite Ville, il doit appréhender à fon droit ladite haye, & ce
fe doit faire par mefureurs jurés.

CLXXIII.

Si aucunes divifions font entre bois

& terres ahanables fans bornes, les terres fe doivent labourer jufques à pied & demi près des vraies houches, & fe doit on fonder fur les anciennes épines, hêtres, ou autres bois portant ligne de l'un à l'autre. Et s'il y avoit appercevance de foffés, foit à l'encontre des jardins, terres ou bois, foit avifé auquel lez le reject eft jetté; & celui qui a le reject peut prendre tout ledit foffé à fon droit, & s'il eft autant rejetté d'un lez que de l'autre, ce fe doit prendre à moitié dudit foffé.

CLXXIV.

Si aucunes divifions font entre bois fans bornes, & fans foffé, & il y eût hayes anciennes d'aucun bois fous âge : c'eft à fçavoir, groffes épines, hêtres, charmes & autres bois, on fe doit fonder fur celles qui portent plus droite ligne, de l'un à l'autre, & doivent être icelles hayes par moitié, à chacune defdites parties.

CLXXV.

Si aucuns marchands achetent bois à un Seigneur, ausquels bois se trouvent aucunes fautes de bois, au moyen des chênes, ou de housses de bois, places de faulde, ou anciennes charrieres, ce se doit rabattre ausdits marchands, s'il n'est réservé par le marché, à la vente desdits bois ; & cela se doit faire & appointer par mesureurs jurés.

CLXXVI.

Si aucunes divisions se font entre parties, pour rivieres, ou eaux courantes qui aient aucune chose gagné, au dehors de l'ancien cours, à l'encontre d'aucunes parties, soit par jardins, prés, bois, ou terres, lesdites rivieres & eaux se doivent remettre, si possible est, à l'ancien cours.

CLXXVII.

Et doivent icelles rivieres, ou eaux au plus près des commencements des sourgeons, porter de largeur six ou sept pieds, au pied de Roi ; & en décendant en bas, selon ce qu'elles s'efforcent par sources, se doivent maintenir en largeur de dix ou douze pieds, leursdits cours durant, jusqu'aux grosses rivieres, & eaux de nom. Et cela se doit faire par mesureurs & visiteurs jurés, & ainsi en ont accoutumé faire & user de tout temps les mesureurs jurés dudit Comté du Boulonnois.

CLXXVIII.

Usages communément observés en ladite Sénéchaussée, sur le fait des procédures, & autres matieres.

Un sergent ne pourra donner plus long délai, qu'aux seconds plaids en suivant le jour de son assignation.

CLXXIX.

Le comparant à l'assignation de sa cause, soit en demandant, ou en défendant, n'est arrêtable par la loi du Vicomte de la ville ; & s'il y a arrêt, doit avoir main levée.

CLXXX.

La reconvention n'a lieu en cour laye.

CLXXXI.

Si le Seigneur met en cause son rentier pour raison de sa rente, il n'est tenu faire vue, parce que son rentier lui même est tenu lui·bailler déclaration de sa terre.

Signé,

A. du Pré.   Aimery.
Jean de Rebinghes.
Jean de Bacorse.
François de Sempy.
Louis du Tertre.
Raoul de Fléchiu.
J. de Verlinq.
J. de Couppes.
du Rieu.

Fin des Coutumes générales.

S'ENSUIVENT

S'ENSUIVENT plufieurs Coutumes locales d'aucunes Villes dudit Pays du
Boulonnois , baillées & préfentées
par les Mayeur & Echevins d'icelles
Villes en l'aflemblée générale des
états d'icelui Pays : ainfi vérifiées
& certifiées , qu'il eft porté par
icelles , fuivant l'injonction & Ordonnance faite aufdits Mayeur &
Echevins , par les Commiffaires députés par le Roi , pour la réformation , arrêt & publication defdites Coutumes , tant générales ,
que locales.

I.

Coutumes locales de la Ville , Baffe-Ville,
Bourgage , & Banlieue de Bou-
logne fur mer.

EN ladite Ville de Boulogne fur
mer , il y a Maire & Echevins qui
ont toute Juftice , haute, moyenne &
baffe , & la Police de ladite Ville ,
Bourgage & Banlieue.

H

II.

Lefdits Maire & Echevins ont connoiffance de tous Bourgeois & habitants
d'icelle Ville , Bourgage & Banlieue ,
& des querelles & procès étant en-
tr'eux, fans préjudice des cas royaux,
& autres privilégiés, dont la connoiffance appartient aux Juges royaux.

III.

Si lefdits Bourgeois & manants font
traités & convenus en autre Jurifdiction que celle defdits Maire & Echevins, le renvoi leur en eft fait, excepté
quant aufdits cas royaux & privilégiés,
qui ne font fujets à renvoi.

IV.

Ladite Ville de Boulogne eft fran-
che , & exempte de toutes Tailles ,
Subfides & Gabelles.

V.

Pour quelque crime que ce foit , il
n'y a confifcation que de corps feulement , excepté en crime de léze-Ma-
jefté, divine & humaine , au premier
chef.

VI.

En ladite Ville & Banlieue il n'y a qu'un feul héritier en immeuble.

VII.

Item, quand vendition & aliénation d'héritages & acquêts fe fait, il eft dû au Seigneur dont le lieu eft tenu, un relief, au lieu de droits Seigneuriaux.

VIII.

Item, par icelle Coutume eft dû double relief de la rente, s'il n'eft addiété par fait fpécial.

IX.

Item, chacun en fon regard & en droit foi, eft Seigneur en Bourgage, & a droits de relief de fon tenant, & a tel droit que deffus.

X.

Item, le Seigneur peut faire procéder par exécution, par la Juftice de ladite Ville, pour fon cens & rente, fur fon tenant rentier, ou détenteur des lieux, pour le temps de la détention d'iceux.

XI.

Item, quand aucun baille sa maison à louage, il peut faire exécuter son louager, pour le temps de la détention de sadite maison.

XII.

Item, aux veuves n'est dû douaire en ladite Ville, Bourgage & Banlieue, s'il n'est convenancé & préfigé auparavant le lien de mariage.

XIII.

Item, le Seigneur par faute d'homme, ou pour arrérages de trois années, peut faire saisir par la Justice de ladite Ville, & faire retraire son lieu & tenement, par trois criées & quinzaines, faites en Eglises, marché & plaids ordinaires, & icelles criées faites, faire les significations & intimations sur le lieu, aux héritiers, si aucuns sont; & où il y aura opposition, icelle vuidée & terminée par autre quinzaine après, les héritages sont déclarés retraits; & ce fait, l'on se transporte de rechef sur le lieu, &

l'on met de fait en poffeffion le Seigneur
en fon tenement, pour en jouir à perpétuité.

XIV.

Si aucun ladre ou lepreux meurt en
ladite Ville, bourgage, & banlieue,
fans être vifité & jugé, il n'y a aucune confifcation de bétail.

X V.

Item, quiconque fiert & dégaine
de glaive, ès mettes defdites Ville &
banlieue, commet amende de foixante
livres parifis.

X V I.

Et quiconque dit injures, commet
amende pour le fait dit, de quarante
fols parifis.

X V I I.

L'ufage & Coutume defdites Ville
& banlieue eft telle, que pour fimple
ajournement l'on n'ufe par écrit, &
fuffit que le Sergent en faifant fon
ajournement ait fa verge, pour démontrer fon pouvoir.

XVIII.

Item, en toutes faisines qui se font ès tenements étant esdites Ville, bourgage & banlieue, en quelque Justice que ce soit, appartient pour droit de faisine & enrollement auxdits Maire & Echevins, comme Seigneurs superficiels, dix sols tournois, de bourgeois privilégié, & de celui non bourgeois, la somme de vingt sols tournois.

XIX.

Item, chacun bourgeois peut tenir hôtages aux pêcheurs, en pêcheries de la mer, & faire hareng sor & blanc, maquereaux, & autre poisson salé, & nul autre, s'il n'est bourgeois.

XX.

Quiconque appelle des Sentences & appointements desdits Maire & Echevins, & il soit déclaré mal appellant par le Sénéchal du Boulonnois, Juge supérieur, il échet en l'amende de soixante sols parisis. Et s'il acquiesce dedans la huitaine, doit amende de quarante sols parisis.

XXI.

Item, sont les enfants des bourgeois étant à marier, tenus pour bourgeois, tant & jusqu'à ce qu'ils prendront alliance de mariage.

XXII.

Item, ausdits Maire & Echevins appartient mettre prix sur sel, grains, vins, harengs, poissons, & toutes autres marchandises arrivées en cettedite Ville, hable & bourgage, & de faire tous Statuts sur le fait de la Police, connoître des matieres, & en donner leur Sentence & Jugement.

XXIII.

Item, s'il survient opposition, ou procès pour raison du fait desdites pêcheries, & marchandises arrivées audit hable de Boulogne, la connoissance & jurisdiction en appartient ausdits Maire & Echevins.

XXIV.

Item, de toutes lesdites marchandises incontinent arrivées audit hable, sont tenus les Maîtres marchands,

en venir avertir lesdits Maire & Echevins, ou leurs commis, auparavant
les exposer en vente.

XXV.

Item, appartient ausdits Maire &
Echevins, de connoître & décider de
toutes matieres d'arrêts faits par l'Of-
ficier de la Vicomté, & ne peut le
Vicomte de lui seul tenir jugement,
sans appeller un Echevin de ladite
Ville pour régler les parties, & se
nomme ledit Echevin Prévôt de ladite Vicomté.

XXVI.

Et du surplus, l'on se regle esdites
Ville, bourgage, & banlieue, par
les Coutumes générales du Pays, &
Comté du Boulonnois.

Procès-verbal de la vérification desdites Coutumes.

PArdevant Nous Maire & Echevins de ladite Ville de Boulogne sur mer, le seiziéme jour d'Octobre l'an mil cinq cent cinquante, ont été évoqués & adjournés par Jean Roussel & Nicolas Biguen, Sergents dudit Echevinage, à la requête du Procureur de ladite Ville, les vingt-un hommes élûs par la Communauté, pour cet an pour la police de ladite Ville, avec plusieurs notables & anciens Bourgeois de ladite Ville de Boulogne, bourgage, & banlieue d'icelle, afin de concorder les Coutumes locales de ladite Ville : & en plein Echevinage sont comparu les dénommés ci-après. Sçavoir, honorable personne maître Jacques du Rieu, Licentié ès loix, Avocat en la Sénéchaussée du Boulonnois, vingt & un maître élû,

Olivier du Crocq , Bauderon Yvart, Matthieu Mart , Adam le maître & Jean de Pouilly, élûs de Communauté & habitants desdites Ville , bourgage & banlieue , faisant & représentant la plus grande & saine partie d'iceux. Antoine le Roffet , Robert de la Hodde , Thomas d'Errepireul , praticien & procureur en ladite Sénéchauffée , maître Regnaut du Byer , Jean Chabbe , Pierre Lambert , Jean Hibon, Olivier Morel , Jean le Grand l'aîné , Jean Becquelin , Antoine Houdden , Antoine Maçon , Jean Cleüet , Jean Robart , tous élûs par ladite Communauté : auffi préfents Jacques Willecot , Richart Manffe , Jean le Grand , Vicomte, fermier de ladite Ville. Antoine d'Auvergne , & Jacques Roche procureurs en ladite Sénéchauffée , habitants & bourgeois de ladite Ville.

Et en leur préfence & pleine audience , avons fait lecture des Coutumes ci-deffus déclarées , lefquelles après les avoir entendues, tous concordamment, ont certifié & affirmé, pour vérité, icelles Coutumes être les anciennes Coutumes locales desdites Ville, bourgage & banlieue de Boulogne, desquelles de tout temps & ancienneté ils ont vû user, pratiquer, & sur icelles asseoir jugement, ensorte qu'elles sont tenues censées & réputées bonnes & justes Coutumes, ayant lieu aux lieux susdits, & de tel temps qu'il n'est mémoire du contraire : & Nous Mayeur & Echevins de ladite Ville, pareillement certifions lesdites Coutumes être véritables, & que de tout temps ont eu lieu en ladite Ville, bourgage & banlieue.

Fait à Boulogne en plein Echevinage, l'an & jour dessus dits, & avons fait signer ces présentes par Antoine le Sueur, greffier de ladite Ville, auxquelles avons mis & apposé le sçel dudit Echevinage.

Signé, LE SUEUR.

I.

PAr ladite Coutume , ceux qui ont
héritages , qui ne leur sont pro-
fitables, s'ils ne sont tenus du Roi sans
moyen , les peuvent rendre au jour
que les rentes sont dûes , en payant à
ceux de qui lesdits héritages sont tenus,
rentes & arrérages , si aucunes sont
dûes, en rendant toutefois lesdits héritages en aussi bon état qu'ils étoient
lois de la prise.

I I.

Item , si aucun est obligé pardevant
lesdits Mayeur & Echevins, le sergent
peut saisir les tenances de l'obligé , &
suffit de faire trois criées en l'Eglise
par trois Dimanches continuels , & ce
fait , doit être dit que l'héritage doit
être rendu au profit du créancier. Et
si personne y veut venir étant en la
Ville ,

Ville, faire le peut par dedans quinze jours ; & celui qui eſt hors de la Ville, par dedans un an.

III.

Item par ladite Coutume il eſt dit qu'il n'eſt dû relief ni vente, réſervé quatre deniers, qui ſe dit eſtocgaige pour le chef mets, ſi vendu eſt : autrement ne doit point d'eſtocgaige, & le faut payer le jour de la vente, à peine de ſoixante ſols pariſis.

IV.

Item, nonobſtant Coutume à ce contraire, bourgeois & eſtagers ne doivent aucun tonlieu.

V.

Item, ſi aucun appelle à mauvaiſe cauſe, il y a en ce cas amende de ſoixante ſols pariſis : & ſi quelqu'un fait recouſſe aux Mayeur & Echevins, ou leurs Sergents, il y a amende de trente huit livres pariſis.

VI.

Item, ſi aucun fait ajourner pour ſon vuel, il pourra affirmer à une, deux

ou trois fois, jufqu'à quinze fols trois
deniers.

VII.

Item, par Coutume locale, dont l'on
a toujours ufé, il n'y a point de
douaire, s'il n'eft convenancé en traitant le mariage.

VIII.

Et fi ont les Mayeur & Echevins
connoiffance de mettre prix aux vins,
bierre, pain; & ont pour chacun
poinfon de vin qui fe diftribue audit
Defvrene, un lot de vin pour leur
droit, par ladite Coutume, dont ils
ont toujours ainfi ufé.

Fait & figné par moi Claude Hannuyer, Greffier, le 18 Octobre 1550.
Témoin. *Signé*, HANNUYER.

Procès-verbal fait pour la vérification desdites Coutumes.

A Tous ceux qui ces présentes lettres verront, Claude du Wicquet, Lieutenant de Roullet de Calonne, Ecuyer, Capitaine & Bailly de Desvrene pour le Roi, Archer de sa garde, salut. Sçavoir faisons, qu'aujourd'hui pardevant nous, & en la présence de Thomas de Gournay & Jean le Maire, hommes féodaux dudit Bailliage, furent présents & comparants, Jean Porque l'aîné, âgé de 70 ans ou environ, Jean le Bray de 64 ans, Jean Brouen de 68 ans, Nicolas Losset âgé de 69 ans, Jean Glameur de 64 ans, Jean Danel de 55 ans ou environ, Claude de Humieres de 34 ans, Jean Guillain de 48 ans ou environ, Antoine le Vasseur de 36 ans, Nicolas de Haute-feuille de 52 ans, Adrien Sones de 30 ans ou environ, Guillequin Lefebvre de 40 ans, Jean Dubyes de 42 ans, Jean Bacheler de 68 ans ou environ, Jean Rouſſet de 24 ans, Jacques Boucher de 36 ans, Nicolas Garchon de 43 ans, Hubert du Rieu de 38 ans, Jean du Rieu de 32 ans ou environ, Raoul Touppez de 57 ans, Jehammes de la Barre de 30 ans, Taſſin Davel de 50 ans, Robert de la Rue auſſi de 50 ans, Guillaume Houlbert de 32 ans, & Mathieu Pailloeulle de 53 ans, tous bourgeois, manants & habitants, & marchands dudit lieu de Deſvrene, leſquels & chacun d'eux, après ſerment par eux fait ſolemnel en notre préſence, Nous ont dit & atteſté, pour vérité, après avoir ouï lire un *vidimus* des priviléges dudit lieu de Deſvrene à eux donné par un Comte de Boulogne, confirmé par le Roi, Nous ont dit concordamment que de tout temps, de leur connoiſſance, ils & chacun d'eux ont vû maintenir, obſerver, & garder, le contenu d'icelui, & en avoir ainſi été uſé, ordonné & appointé, même que le contenu ès douze articles extraits hors dudit *vidimus*, écrits & ſignés par Claude Dehannuyer, Greffier de Meſſieurs les Mayeur & Echevins dudit Deſvrene, ſont portés en icelui, leſquels articles ſont dérogeant à la Coutume générale du Comté; & que ſelon & ainſi qu'ils ſont couchés par leſdits articles, ils en ont vû uſer & appointer audit lieu de Deſvrene, & bourgage ſeulement, & s'en uſe & fait ordinairement. Plus ont certifié, atteſté & affirmé, que audit lieu de Deſvrene & bourgage d'icelui droit de douaire coutumier n'a lieu, n'eſt qu'il ſoit convenancé par paction avant aucun lien de mariage, dont & deſquelles choſes deſſus tranſcrites, meſdits Seigneurs, Mayeur & Echevins dudit lieu de Deſvrene, nous ont requis lettres, auſquels avons accordé ceſtes, pour leur valoir & ſervir où & quand il appartiendra,

ce que de raison. En témoin de ce
nous avons mis le sçel armoyé des
armes dudit Seigneur le Bailly, & fait
sceller par lesdits hommes féodaux,
& signé de notre main, pour l'ab-
sence du Greffier; ces présentes faites,
affirmées, attestées, & de nous données le dix-septiéme jour d'Octobre,
l'an mil cinq cent cinquante.

Signé, DU WICQUET, & scellé du
sçel du Bailly.

COUTUMES LOCALES
*ayant lieu en la Ville & banlieue
d'Etaples fur la mer, au dehors des
Coutumes générales du Comté du Boulonnois, mifes & rédigées par écrit
par Meſſieurs les Mayeur & Echevins de ladite Ville d'Etaples, à ce
évoqués & appellés, les Bourgeois,
manants & habitants d'icelle Ville,
pour les préſenter à Meſſieurs les
Commiſſaires députés par le Roi notre Sire, fur le fait des Coutumes
générales du Pays & Comté du Boulonnois.*

I.

LA Coutume de ladite Ville & banlieue d'Etaples eſt telle, que tous
fujets, manants & habitants en icelle
Ville & banlieue, ayant maiſons, manoirs, jardins & terres en ladite Ville
& banlieue, de quelques Seigneurs
qu'ils les tiennent, font chacun en fon

regard , pour le droit des rentes qui leur peuvent être dûes, Seigneurs de leurſdits cens & rentes, en telle ſorte & maniere, qu'à mutation d'homme, l'héritier eſt tenu & ſoumis relever l'héritage du trépaſſé, & payer pour ledit droit de relief le double de la rente dûe pour raiſon dudit héritage, s'il n'appert de paction faite au contraire , en faiſant l'arrentiſſement de l'héritage que l'on veut relever.

II.

La Coutume de ladite Ville & banlieue eſt telle , que ſi chacun héritage ſéant en ladite Ville & banlieue ſe vend , & l'acheteur veut être ſaiſi de l'héritage par lui acheté , il eſt dû au Seigneur de qui l'héritage eſt tenu , pour ſes droits Seigneuriaux, le double de la rente à lui dûe par ſon ſujet vendeur, ou autant que le relief monte, ſi par pact ou accord ſe montre être dû autre relief que le double de la

rente; & en ce cas l'on n'a aucun regard au prix principal pour lequel l'héritage, maison ou terre est vendu. Mais
si l'héritage qui se vend est Fief & noble tenement, les droits Seigneuriaux
se reglent selon la Coutume générale
du Comté du Boulonnois.

III.

La Coutume de ladite Ville & banlieue est telle, que si aucun ayant
maisons, manoirs ou terres en ladite
Ville & banlieue, va de vie à trépas,
& son héritier n'a fait ses diligences
d'iceux héritages relever & appréhender, sept jours & sept nuits après le
trépas de son prédécesseur, le Seigneur de qui lesdits héritages sont tenus
peut & lui loit faire son profit desdites maisons & terres selon la Coutume générale dudit Comté, & jusqu'à ce que l'héritier aura fait ses diligences de relever : & si peut ledit
Seigneur faire retraire à sa table &

domaine, la maison, manoir ou terre
de lui tenue, par faute de relief,
pour en faire son profit, & le contenu ci-dessus se doit entendre pourvû
que le Seigneur, fasse premiérement
saisir par Justice lesdits héritages.

IV.

Item, pour faire icelui retrait, l'u-
sage & Coutume de ladite Ville &
banlieue est tel, que ledit Seigneur,
doit par trois Dimanches & quinzaines continuelles faire faire cri à haute
voix à la fin de la grand'Messe Paroist-
siale de ladite Ville, par le clerc Paroist-
siale de l'Eglise, que l'héritage de lui
tenu par son tenant trépassé est re-
tourné à sa table & domaine par le
trépas de sondit tenant rentier, en
déclarant lesquelles criées, ledit clerc
Paroissial doit dire & déclarer qu'il
fait icelles criées à la requête du Seigneur, disant à haute voix au Mayeur
& Echevins de ladite Ville & banlieue
que pour garder les droits & privi-

léges des bourgeois, manants & habitants de ladite Ville, qu'ils aient à
entendre audit retrait : & en chacune
desdites criées faites par ledit clerc Paroiſſial, nommer pour le moins deux
Echevins étant préſents auſdites criées.

V.

La Coutume & uſage de ladite Ville
& banlieue eſt telle, qu'après les trois
quinzaines & criées faites par ledit
clerc Paroiſſial en ladite Egliſe, le
Seigneur qui a fait faire leſdites criées
pour pourſuivre l'adjudication dudit retrait, doit préſenter icelles criées
faites & ſignées dudit clerc Paroiſſial
à Meſſieurs les Mayeur & Echevins de
ladite Ville tenant leurs plaids, & requérir que la maiſon, manoir ou terres
déclarées eſdites criées, ſoient ſaiſies
en la main de Juſtice, pour parachever
ſondit retrait. Et ce fait, les Mayeur
& Echevins, après avoir vû leſd. criées
faites & ſignées dudit clerc, ordon-

nent deux Echevins, & un Sergent à verge de ladite Ville, pour aller sur le lieu contentieux prendre led. lieu, maison, manoir ou terre en la main de la Ville, à la requête du Seigneur qui fait faire ledit retrait, en ajournant par ledit Sergent à verge tous les détenteurs & occupeurs dudit lieu, avec tous ceux qui audit lieu veulent prétendre & demander aucun droit par le trépas du dernier homme, à comparoir pardevant Messieurs les Mayeur & Echevins au prochain plaid plaidoyable ensuivant les saisissements, à l'encontre dudit Seigneur ou son Procureur. Et si l'on a connoissance que le lieu soit occupé par aucun demeurant en ladite Ville & banlieue, ou qu'il y ait parents & amis du trépassé étant de la cotte ou ligne dont procedent lesdits héritages en ladite Ville & banlieue, il est besoin leur signifier ledit saisissement, en les ajournant comme dit est au prochain plaid plaidoyable de mesdits Seigneurs, Mayeur

&

& Echevins , pour procéder audit retrait comme deſſus eſt déclaré. Et aux
premiers plaids plaidoyables , le Sergent doit faire ſon rapport , & le mettre au regiſtre , & par ledit Seigneur
doit être requiſe ladite adjudication
dudit retrait , & ſur icelui accorder
défaut à l'encontre de tous ceux qui
auſdits héritages voudroient clamer &
demander aucuns droits , leſquels a-
journements & défauts ſe doivent con-
tinuer juſqu'à ſix quinzaines & plaids
plaidoyables , ſi les héritiers ne font
leur diligence de relever & ſatisfaire
vers le Seigneur qui fait faire ledit
retrait.

V I.

Et par ladite Coutume & uſage de
ladite Ville & banlieue , ſi durant leſdites criées & ſix défauts & plaids
plaidoyables , il y a aucun qui s'op-
poſe audit retrait , le Sergent aſſigne
jour aux oppoſants à comparoir pardevant les Mayeur & Echevins aux

prochains plaids plaidoyables enfuivant le fixiéme & dernier défaut pour
dire leurs caufes d'oppofitions : auf-
quels plaids les parties feront ouïes
pour fur ce leur faire droit , & ne
doivent ceffer lefdites fix quinzaines,
contumaces & défauts à faire pour
lefdites oppofitions , qui fe bailleront
fans préjudice à icelles oppofitions ,
fi n'eft que les héritiers aient fait leurs
diligences de relever & fatisfaire les
Seigneurs de leurs reliefs & arrérages
des rentes , fi aucunes en font dûes.

VII.

Item, par ladite Coutume & ufage
de ladite Ville & banlieue , pour ad-
juger lefdits retraits , l'on n'a aucun
regard , fi les fix quinzaines ont été continuelles , fans aucune interruption :
mais fuffit qu'il apparoiffe , que le
clerc Paroiffial ait fait par fon refcrit,
ces trois criées à la fin de la Meffe,
par trois Dimanches, & trois quinzai-

nes continuelles & enſuivant l'un l'autre, auparavant le ſaiſiſſement fait par
les deux Echevins & Sergent deſſus
déclarés

VIII.

Item, leſdites ſix quinzaines & plaids
plaidoyables faites & parfaites, & les
oppoſitions, ſi aucunes en y a, vui-
dées, leſdits Mayeur & Echevins ad-
jugent leſdits héritages retraits, ainſi
que dit eſt, au profit dudit Seigneur,
pour en faire ſon profit.

IX.

Item, par la Coutume & uſage d'i-
celle Ville & banlieue, tous Seigneurs
ayant maiſons, manoirs ou terres en
ladite Ville & banlieue, & tenus d'eux
à rente par divers ſujets, par faute de
rente & arrérages non payés, il loit
auſdits Seigneurs, par faute de trois
ans, s'il n'y a qu'un terme en l'an,
ou par faute de trois termes, s'il y a

divers termes en l'an, faire faire retraire lesdits héritages , par faute de
n'avoir été payés, en tenant par ledit
Seigneur, pour faire ledit retrait, les
formes des criées & faisiſſements, ainſi
que ci-devant eſt déclaré aux retraits
qui ſe font par faute d'hommes, & de
relief, & ne ſont leſdits Seigneurs ſoumis d'aller hors de la Ville & banlieue
pour faire ſignifier aux héritiers, ou
tenans rentier, leſdits retraits, & s'uf-
fit de s'adreſſer aux détenteurs ou tenans rentiers, ou leurs prochains parents & amis , étant de la cotte donc
procedent leſdits héritages , s'ils ſont
demeurants en ladite Ville & banlieue.

X.

La Coutume de ladite Ville & banlieue eſt telle, que veuves n'ont aucun
droit de douaire coutumier ſur les héritages qui ont pû appartenir à leurs
feus maris , ſéants en ladite Ville &
banlieue , ſi par paƈt & accord n'eſt

accordé par les parties avant aucun lien de mariage.

XI.

Toutes lesquelles Coutumes ainsi posées, écrites, comme dit est, ont été lûes en la maison & auditoire de ladite Ville d'Etapes, le lundi sixieme jour d'Octobre, l'an mil cinq cent cinquante, jour de plaid ordinaire d'icelle Ville, en la présence de Ferry Greffier Mayeur, Nicolas Fierard second Mayeur, Echevin, Jean Pelé, Jean Cambier, Guillaume Lesne, & Adrien Flahault, Echevins. Et aussi présents Robert le Conte, Jean Lesne, Damien Suin, Robert Chevault, Jean Carmer, Antoine le Conte, Antoine Hurtrel, Jean Viart, Toussaint de Boubers, Jacques Darras, & plusieurs autres bourgeois de ladite Ville qui ont accordé & déclaré que de tout temps précédent en icelle Ville & banlieue l'on a usé desdites Coutumes sans aucun contredit. Témoins, Greffier

Fierard, Pelé, Cambier, Lesne, Curé, Adrien Flahault, Guillaume Lesne, de Sarton, & Robert le Conte, signé par les dessusdits.

COUTUMES LOCALES

& particulieres de la Ville de Wiſſant, au Comté du Boulonnois, de tout temps tenues, gardées & obſervées en ladite Ville & banlieue d'icelle, que baillent par devers vous Meſſieurs les Commiſſaires du Roi, par lui députés & ordonnés, pour arrêter & décréter les Coutumes générales & particulieres des Villes, Pays & Comté du Boulonnois.

I.

QUE les Maire & Echevins de ladite Ville de Wiſſant, ont tous droits de Juſtice, haute, moyenne & baſſe, & la Police de ladite Ville & banlieue d'icelle, avec connoiſſance en premiere inſtance de tous leurs bourgeois & habitants, de ſorte que s'ils ſont tirés en autres Juriſdictions, & ils ſont requis par le Procureur d'icelle Ville & Communauté, ils ſont renvoiés pardevant leſdits Maire & Eche-

vins, sans préjudice toutefois des cas
Royaux & privilégiés, qui ne sont sujets à renvoi.

II.

En matiere de vendition & aliénation d'héritages, ou acquêts immeubles, est dû au Seigneur dont lesdits
immeubles sont tenus, un relief au lieu
de droits Seigneuriaux, tant seulement.

III.

Et par icelle même Coutume est dû
double relief de la rente que doit l'héritage, s'il n'est expressément addicté
par le bail à rente, ou Contrat d'aliénation.

IV.

Item, en ladite Ville & banlieue,
en quelque cas de crime que ce soit,
la personne ne confisque que le corps,
fors & excepté en crime de leze-Majesté divine, ou Majesté royale.

V.

Item, en ladite Ville & banlieue,
chacun est Seigneur en droit soi, & a
droit & relief de son tenant, selon
qu'il est déclaré au second article.

VI.

Item, en ladite Ville & banlieue, nul ne peut faire marchandife de harengs, blancs ou fors, s'il n'eft bourgeois de ladite Ville, à peine de confifcation du hareng, & d'amende arbitraire à l'Ordonnance defdits Mayeur & Echevins.

VII.

La Coutume & commune obfervance d'icelle Ville eft telle, que pour fimples ajournements entre lefdits bourgeois & habitants, l'on ne ufe par écrit, ains fuffit que ledit Sergent de ladite Ville, foit garni de fa verge, pour démontrer fon pouvoir.

VIII.

Et quant au furplus defdites Coutumes, l'on fe regle felon les Coutumes générales dudit Comté, Pays & Sénéchauffée du Boulonnois. Témoin, e Cluallier, qui a figné & écrit par le Commandement de mefdits Seigneurs.

NOUS souffignans, bourgeois & habitants de ladite Ville de Wiffant en Boulonnois, certifions & affirmons pour vérité à mefdits Seigneurs les Commiffaires & Députés par le Roi, & à tous autres qu'il appartiendra , que defdites Coutumes ci-deffus pofées & articulées , lefdits Maire & Echevins, manants · & habitants de ladite Ville & banlieue de Wiffant , ont de tous temps joüi, ufé, & fur icelles affis jugement , tellement qu'elles ont été & font tenues pour Coutumes, notoirement gardées & obfervées en ladite Ville de Wiffant, où en Temoin de vérité , & en obéiffant aux Commandements à nous faits par nofdits Seigneurs les Commiffaires, avons figné ces préfentes de nos feings ou marques, ce 16 Octobre l'an 1550, & au

...desſous ont ſigné ceux qui s'enſuivent, Taſſin Delopere, Antoine Baron, Perrotin Lartizien, Jean Greban, Guillaume Barbe, Jean de la Pierre, Roel de le Pierre, marque d'Antoine de Rome, Jacques de le Pierre, Pierre Delepierre, Pierre Waſnier, Jean Delepierre, Adrien Leachon, Laurent Bricquet, Martin Frazier, François Baron N. Feuſtre, Jean Augnye, Pierre de Guiſnes, Guillaume Marec. Signé, par les deſſuſdits.

COUTUMES LOCALES
dont on a acoutumé uſer au Village d'Herly.

I.

LA Coutume eſt telle audit lieu, que tout homme tenant cotterie l'icelle Seigneurie, ne doit point de relief; & eſt la Coutume telle & d'ancien temps, que le mort ſaiſit le vif: car pour quelque ſucceſſion que ce ſoit, en icelle Seigneurie, si ce n'est fief, n'est dû relief que de bouche.

II.

Item, plusieurs tenans d'icelle Seigneurie, qui tiennent francquiesmes, n'en doivent aucun droit, sinon pour droit Seigneurial, cinq sols d'entrée, & cinq sols d'issue, quand vente s'en fait, & n'en est dû pareillement relief que de bouche.

III.

Item, sous lesdits francquiesmes, tout homme qui est résident couchant & levant, il ne doit aucun afforage, gambage, herbage, moutonnage, rescare de four, n'y autre chose; mais a tous privileges & franchises, autant que s'il étoit résident, couchant & levant sous son fief.

IV.

Item, la Coutume est telle, que quiconque a terres à dîme & qui par fortune de guerre ou autrement sont demeurées à riez, tout homme, à qui appartiennent lesdites terres & riez les

peuvent

peuvent garder & défendre, en y mettant enseignements de défense ; en peut faire son profit jusqu'à Saint Jean-Baptiste. Et après ce, lesdits riez sont soumis à commun, combien que iceux ne soient enclos. Plus si iceux n'ont été défendus ni gardés auparavant la Saint Jean-Baptiste , iceux se peuvent garder , & défendre après cedit temps , jusqu'à la Toussaint , & l'on en a toujours accoutumé user de tout temps , si ancien, qu'il n'est mémoire du contraire.

V.

Item , tout homme qui a enclos , il en peut jouir en tout temps , soit hiver ou été sans contredit , & soit fief ou cotterie , de l'un comme de l'autre.

VI.

Item, pour toute cotterie tenue d'icelle Seigneurie , quand vente s'en fait , n'est dû pour droit Seigneurial que le ſixieme denier, & pour le fief le cinquieme denier.

VII.

Item, la Coutume eſt telle en icelle Seigneurie, que ſi quelques perſonnes décedent & vont de vie à mort, délaiſſants terres à terrages, dont il y en a pluſieurs en icelle Seigneurie, & auſſi délaiſſants pluſieurs enfants, s'il y a deux, trois ou pluſieurs fils, icelles terres ſe partiſſent autant à l'un comme à l'autre également, & s'il y a quelques filles avec les fils, elles n'y ont rien ; mais ſi c'etoit qu'il y eût deux, trois ou pluſieurs filles, & n'y ait point de fils, icelles filles ſemblablement partiſſent autant l'une comme l'autre. Mais s'il y a ſeulement un fils, icelles filles n'y ont rien, car le fils combien qu'il ſoit ſeul, l'emporte par héritage.

En approbation de vérité, Nous Aigneux Punion, Lieutenant dudit lieu d'Herly, Sire Jean Boulongne, En-

guerrant Hocedé , Guiet , Hanne-
guier , Touſſaint Faramus , Jean Bras
de fer & pluſieurs autres avons ici
ſigné le 14 Octobre, l'an mil cinq cent
cinquante. Et au deſſous ont ſigné
tous les deſſus nommés.

COUTUMES LOCALES

& particulieres de la Terre & Seigneurie de Quesque en Boulonnois, appartenant à Vénérables & Discrets Seigneurs, Mrs les Chanoines & Chapitre de l'Eglise Collégiale de S. Sauveur en S. Paul, à cause de leur ancienne Fondation qu'ils ont fait mettre & rédiger par écrit, en obéissant aux Commandements faits à leurs Officiers dudit lieu, de par Monsieur le Lieutenant - Général de Boulogne, pour le Roi notre Sire ; icelles Coutumes dérogeantes aux Coutumes générales dudit Comté du Boulonnois, ainsi qu'ils entendent ; sauf en tous leurs autres droits, franchises & autorité, & de leurs sujets, desquelles Coutumes la Teneur ensuit.

I.

AUsdits Seigneurs Chanoines & Chapitre, à cause de leur ancienne Fondation, appartient ladite terre & Seigneurie de Quefque, en laquelle ils ont toute Juftice, haute, moyenne & baffe, Bailly, Lieutenant, Procureur d'office & Receveur, avec un Prevôt hérédital, qui eft tenu faire les exploits de Juftice, ou y commettre un Sergent, lequel Prevôt a le tiers denier des droits Seigneuriaux qui leur échoient par vendition de fiefs ou cotteries d'eux tenus, enfemble le tiers des amendes.

I I.

Item, par la Coutume dudit Quefque, pour droits Seigneuriaux de fiefs d'eux tenus, qui fe vendent & donnent, leur eft dû le cinquieme denier de la valeur & prifée fans vanterolles. Et pour relief des cotteries, le double du cens foncier.

III.

Item, par icelle Coutume les fujets & tenants dudit Quefque terres labourables, font tenus amener les dîmes d'icelles terres. Sçavoir eft, du cent, huit en la grange de leurs fermiers, en leurdit village de Quefque.

IV.

Item, par icelle Coutume, lesdits Seigneurs Chanoines, à caufe de leurdite haute Juftice, ont tous droit à icelle appartenant, comme de confifcation de biens & héritages des perfonnes qui pour cas criminel auroient mérité la mort, droits d'épaves, de bâtards & autres droits.

V.

Item, par autre Coutume d'icelle Seigneurie, tous les fiefs, mafures & anciens manoirs du décédant appartiennent au fils aîné. Et en faute de fils, à l'aînée fille, fans charge de quint ; & les cotteries appartiennent à tous les fils, fans que les filles y aient aucun droit avec le fils. Mais s'il n'y avoit que filles, icelles cotteries appartiendroient à toutes les filles à chacune fa portion. Et fe doit entendre des héritages venus audit décédant de fucceffion, & des acquêts il en pourra difpofer.

VI.

Item, encore par autre Coutume, à une femme veuve pour droit de douaire Coutumier appartient la moitié de tous les fiefs, manoirs & coteries dont son feu mari étoit saisi, jouissant & possédant alors de leur mariage, tant qu'elle se tiendra à marier, & en se remariant elle perd tout sondit droit.

VII.

Item, par autre Coutume toutes femmes sont acquêteresses en la moitié de tous les fiefs, manoirs & terres que son feu mari auroit acquis, constant son mariage, pourvû que, durant icelui, il n'en eût fait donation par don d'entre-vifs, ce qu'il peut faire, & non par testament.

Ces présentes ont été signées par Jacques Roche, Bailly de Quefque & S. Sauveur, en S. Paul, le 22 d'Octobre, l'an mil cinq cent cinquante. Témoin, Roche. Signé, Roche.

COUTUMES LOCALES

du Bailliage de Nédonchel, & Procès-verbal fait sur icelles.

AUjourd'hui dix - neuf Novembre l'an mil cinq cent cinquante, pardevant Jean Thorillon, Lieutenant du Balliage de Nédonchel, en la présence de Philippe le Barbier, homme de fief, Adrien Omour déservant le fief, Charles de Willervar, sont comparus en personnes, les personnes ci-après déclarées, pour la vérification desdites Coutumes locales, dont on a par ci-devant accoutumé user, & dont on use encore journellement ès Villages de Nédonchel, Ligny & Weftochen, Comté du Boulonnois, qui n'est qu'un seul Bailliage : sçavoir est, Denis le Marquant, laboureur, demeurant à Weftochen, âgé de 56 ans, Matthieu de Maire demeurant audit Weftochen, âgé de 72 ans, Maillin Chaullon, âgé de 66 ans , Pierre de Maire, âgé de 67 ans, tous demeurants audit Weſtochen. Paſquier Prevoſt, âgé de 70 ans, Pierre Montois, âgé de 50 ans, Jean du Crocq, âgé de 50 ans ou environ, tous demeurants audit Ligny. Jacques Thoullon, âgé de 70 ans, Muny Tumonier , âgé de 60 ans , Jacques le Bailly, âgé de 68 ans, Pierre Bardoul, âgé de 32 ans , Marc de Ligny, âgé de 42 ans ou environ, tous demeurants audit Nédonchel, leſquelles perſonnes deſſus nommées, & chacun d'eux concordamment , & par ſerment ſolemnel par eux fait pardevant Nous, Lieutenant & hommes deſſus nommés, ont dit, certifié & affirmé la Coutume dont l'on a accoutumé uſer eſdits Villages, être telle, entant qu'il touche des droits Seigneuriaux & reliefs, qu'en vente de fief, le Seigneur a le cinquieme denier, & en cotterie audit Nédonchel, le huitieme denier ; & quant audit Weſtochen, & le fief ſe nomme le fief de Glibercque, ſitué à Ligny.

appartenant au Seigneur dudit Nédonchel, est dû en vente le sixieme denier.
Et quant aux cotteries, par tous lesdits
lieux, telle rente, double relief.

Et quant aux droits de successeur,
après le décès des père & mère, en
fief, l'aîné mâle emporte le fief, à la
charge du quint, ou en faute de fils,
la fille aînée. Et quant aux cotteries,
tant héritages que terres aux champs,
se partissent également ; & en autre ligne, entre héritiers pareillement, sans
que représentation ait lieu.

Et quant aux douaires, les veuves
emportent la moitié en fief, & le tiers
en cotteries, soit qu'elles se remarient
ou non : tout ce que dessus est dit, Nous
ont tous lesdessus nommés certifié être
vrai, & en ont tout le temps de leurs
vies ainsi vû user, & nous-mêmes si-
gnants certifions qu'ainsi en avons vû
user. Témoins nos seings ci mis, avec
les seings des dessus nommés. Ainsi, signé, Marc de Ligny, Jacques Thoullon, Tumonier, Jean Thoullon, Pierre

e Barbier , le Marquant , Adrien
Omour , Matthieu de Maire , MaryL-
in Tyrillon, Pierre de Maire.

Le Procureur du Roi ayant vû lefdites Coutumes locales par Ordonnance defdits Commiffaires, dit qu'en ce
ne trouve aucun intérêt au Roi, même
que la Coutume locale pour le paye-
ment des droits Seigneuriaux eft au
profit & utilité du pauvre peuple &
moyen état, & n'a partant caufe pour
empêcher l'homologation defdites Coutumes. Fait à Boulogne le 6 Décembre
1550. Signé, F. Brisse.

PROCES-VERBAL

des Commiſſaires députés par le Roi,
pour la rédaction, réformation & pu-
blication des Coutumes, tant généra-
les, que locales, du Pays Boulonnois.

L'AN mil cinq cent cinquante, le premier d'Août, furent expédiées Lettres Patentes du Roi notre Sire, données à S. Germain en Laye, adreſ-fées à Nicolas du Pré, Conſeiller du-dit Seigneur, & Maître ordinaire des Requêtes de ſon Hôtel; & Jean Aime-ry, auſſi Conſeiller dudit Seigneur, & Lieutenant-Général de la Sénéchauſſée du Boulonnois & Bailliage du Palais à Paris : leſquelles nous aurions reçues leſdits mois & an, pour en la préſence des Comtes, Barons, Châtelains, Sei-gneurs hauts-Juſticiers, Prélats, Ab-bés, Chapitres, Officiers dudit Sei-gneur, Avocats, Praticiens & autres notables Bourgeois d'icelle Sénéchauſſée,

sée , faire lire , accorder, publier &
enregiftrer ès regiftres de ladité Sénéchauffée, les Coutumes d'icelle Sénéchauffée & Pays du Boulonnois, après
toutefois que lefdites Coutumes auroient été en affemblée dûe & compétente , rapportées, accordées & rédigées par écrit, fi ja fait n'avoit été.
Pourquoi faire auroient été auffi expédiées autres Lettres Patentes dudit Seigneur, lefdits jour & an adreffant à
nous Aimery , en vertu defquelles ,
noufdit Aimery, aurions fait affembler
certain nombre de bonnes & notables
perfonnes dudit Pays, de chacun defdits trois États, avec lefquelles ou ceux
qui auroient été par eux commis &
députés, auroient été lefdites Coutumes rapportées, accordées & rédigées
par écrit. Ce fait, nous du Pré, étant
en cette Ville, tant pour le fait de ladite publication, qu'autres affaires dudit Seigneur, & nous Aimery avions
en vertu du pouvoir à nous donné par
lefdites Lettres, décerné Commiffion,

le premier jour de Septembre dernier paſſé, pour faire commandement auſdits Comtes, Barons, Châtelains, Seigneurs hauts-Juſticiers, Prélats, Abbés, Chapitres, Officiers dudit Seigneur, Avocats, Praticiens & autres bourgeois & habitants d'icelle Sénéchauſſée, de ſe trouver en cette Ville de Boulogne, le dixieme de ce préſent mois d'Octobre, au Siege principal d'icelle Ville & Sénéchauſſée, pour procéder à ladite réformation & publication, ſelon le contenu deſdites Lettres Patentes dudit Seigneur, deſquelles & de la Commiſſion par nous pour cet effet expédiée & décernée, la Teneur enſuit.

HENRY, par la grace de Dieu, Roi de France, à nos amés & féaux, Conseillers, Maître Nicolas du Pré, Seigneur de Passi, Maître ordinaire des requêtes de son Hôtel, & Jean Aimery, Lieutenant de notre Sénéchal du Boulonnois, salut; comme nous ayant été avertis, qu'au moyen que les Coutumes générales de notre-dit pays & Sénéchauffée du Boulonnois, n'avoient encore été publiées comme il appartient, plusieurs procès se feroient mûs & meuvent tous les jours entre les sujets de notre-dit Pays du Boulonnois, pour raison de l'incertitude, confusion & obscurité d'icelles Coutumes, de sorte qu'il a convenu & convient pour raison de ce, faire plusieurs enquêtes & autres preuves, au moyen de quoi nosdits pauvres sujets ont souffert & souffrent grandes véxations, langueurs, frais & dépens, & pourroient plus

M ij

faire à l'avenir, si par nous n'y étoit
sur ce pourvû : pour à quoi satisfaire,
ayant singulier désir comme devons
faire, régir, gouverner nos sujets en
bonne & breve Justice, même de
notre Pays du Boulonnois, lesquels
au moyen des guerres, ont ci-devant
soutenu & souffert plusieurs véxations
& molesties : & lequel Pays nous avons
à l'aide de Dieu remis & réduit en
notre main & puissance, nous aurions
délibéré de faire rapporter, accorder
& rédiger par écrit, si ja fait n'a
été, en bonne & compétente Assemblée, icelles Coutumes de notre-dit
Pays du Boulonnois, comme il a ci-
devant été fait par nos prédécesseurs en
la plûpart des Provinces, Bailliages,
Sénéchauffées & autres Pays de notre
Royaume, pour après être vûes, arrêtées & publiées. Pour ce est il que
nous confiant de vos sens, littérature
& suffisance, voulons, vous mandons & nous plaît que lesdites Coutumes de notre - dit Pays du Bou-

lonnois , si tant est qu'elles aient
ja été en Assemblée dûe & compe-
tente rapportées , accordées & rédigées , vous voyez bien & mûrement, & icelles arrêtiez. Et ce fait,
vous transportez au principal siege de
ladite Sénéchauffée, Et illec faites assembler tous & chacun les Barons ,
Châtelains , Seigneurs hauts - Justiciers, Prélats , Abbés , Chapitres , nos
Officiers esdits lieux, Licentiés , Avocats , Praticiens & autres bons & notables personnages de ladite Sénéchauffée , en leurs personnes , sans recevoir
aucun par Procureur , sinon qu'il y
eût juste & légitime excusation , &
en leurs présences faites de rechef,
lire & accorder lesdites Coutumes :
& si en faisant ladite publication sur
aucuns des articles desdites Coutumes
y survenoit contradiction , ou opposition par la plus grande & saine partie
des gens d'Eglise, des Nobles , ou de
ceux du tiers-état , & que ladite dif-
ficulté ne pût être vuidée à ladite as-

semblée, faites mettre & rédiger par
écrit les différends & discords d'une
part & d'autre, pour icelles rapporter
par devers les gens de notre Cour de
Parlement à Paris, afin d'en ordonner comme de raison. Et quant aux
articles desdites Coutumes qui seroient
en la susdite assemblée & en vos présences accordées & arrêtées, faites
icelles publier & enregistrer ès registres de ladite Sénéchauslée, avec ces
présentes & procès-verbaux, pour
icelles être dorénavant observées comme loi & édit perpétuel & irrévocable.
Et néanmoins vous mandons que vous
contraigniez toutes & chacunes les personnes de la qualité susdite à se trouver en ladite assemblée par la prise du
temporel des gens d'Eglises ; & les
gens lais par la prise & saisie de leurs
meubles & immeubles, & ajournements personnels en notre Cour de
Parlement, & nonobstant oppositions
ou appellations quelconques & sans
préjudice d'icelles, pour lesquelles ne

voulons être différé. Et pour ce qu'aucuns Prélats, Chapitres, Barons, Seigneurs, & autres prétendent par privilege être exempts de notre Sénéchal, combien qu'ils, & leurs terres soient dedans les mettes de ladite Sénéchauffée, nous voulons que sans préjudice de leurs exemptions, pour cette fois vous les contraigniez à se trouver à ladite assemblée, laquelle faite aux lieux dessus dits, nous voulons & ordonnons toutes les Coutumes générales & locales être accordées & arrêtées, en déclarant tous les sujets de ladite Sénéchauffée, être sujets ès Coutumes arrêtées pour la généralité de ladite Sénéchauffée, selon qu'elles seront accordées en la susdite assemblée; de ce faire, vous avons donné, & donnons plein pouvoir, puissance, autorité, commission & mandement spécial. Mandons & commandons à tous nos Justiciers, Officiers & sujets, qu'à vous, en ce faisant soit obéi. Donné à S. Germain en Laye le

premier d'Août, l'an de grace mil cinq
cent cinquante, & de notre regne le
quatrieme. Signé, par le Roi, de Laubespine, & scellé du grand Sceau de
cire jaune sur simple queue.

HENRY, par la grace de Dieu, Roi de France, à notre amé & féal, Maître Jean Aimery, Lieutenant-Général de notre Sénéchal du Boulonnois, Salut. Comme nous ayant été avertis qu'au moyen que les Coutumes de notre-dit Pays & Sénéchauffée du Boulonnois, n'ont encore été publiées, n'y accordées, plufieurs procès fe feroïent mûs & mouveroient tous les jours entre les fujets de notre Pays du Boulonnois, au moyen de l'incertitude, confufion & différends d'icelles Coutumes, de forte qu'il a convenu & convient, pour raifon de ce, faire plufieurs Enquêtes & preuves, dont nofdits pauvres fujets ont fouffert & fouffrent grandes véxations, langueurs, frais & dépens ; pour à quoi obvier, défirant de ce faire, régir & gouverner en bonne & breve Juftice les fujets de notre-dit Pays du Boulonnois, qui par ci-devant au moyen des guerres ont soutenu grandes véxations, pertes & molesties, & à plein confiant de vos sens, littérature & suffisance, vous mandons & enjoignons par ces présentes, qu'au plutôt que faire se pourra, vous, en l'assemblée dûe & compétente des trois États de notre-dit Pays & Sénéchaussée, que pour cet effet vous ferez faire au lieu d'icelle que vous verrez être le plus à propos, faites rapporter lesdites Coutumes, pour icelles être accordées & rédigées par écrit en la maniere accoutumée, afin d'être par après bien & mûrement vûes & arrêtées par ceux que nous commettrons ; & ee fait, publiées en l'assemblée générale des États dudit Pays, suivant les Commissions que nous en ferons expédier. De ce faire, vous avons donné & donnons plein pouvoir, puissance, autorité, commission & mandement spécial. Mandons & commandons à tous nos Justiciers, Officiers & sujets, qu'à vous, en ce faisant, soit obéi. Donné à S. Germain en Laye le premier jour d'Août, l'an de grace, mil cinq cent cinquante, & de notre regne, le quatrieme. Signé, par le Roi, de Laubespine, scellé de cire jaune sur simple queue.

Nicolas du Pré, Seigneur de Passy, Conseiller du Roi notre Sire, & Maître ordinaire des Requêtes de son Hôtel, & Jean Aimery aussi Conseiller dudit Seigneur, & Lieutenant du Sénéchal du Boulonnois : au premier huissier ou sergent sur ce requis, Salut. Comme nous ayant été commis & délégués par ledit Seigneur, & ses Lettres Patentes données à S. Germain en Laye le premier jour du mois d'Août dernier passé, pour voir & arrêter les Coutumes dudit Pays du Boulonnois, & ce fait, faire assembler au principal Siege d'icelle Sénéchaussée, tous, & chacun les Comtes, Barons, Châtelains, Seigneurs hauts-Justiciers, Prélats, Abbés, Chapitres, Officiers du-

dit Seigneur, Licentiés, Avocats, Praticiens & autres bons & notables bourgeois de ladite Sénéchauffée, en leurs
perfonnes, fans les recevoir par Procureur, finon qu'il y eût légitime ex-
cufation; & en leur préfence faire lire,
publier & enregiftrer icelles Coutumes, felon & ainfi qu'il eft plus à plein
contenu efdites Lettres Patentes; pour
ce eft il qu'en vertu du pouvoir à nous
donné par ledit Seigneur & fefdites
Lettres Patentes, vous mandons, com-
mettons & enjoignons que pour faire
l'affemblée des trois États, vous ayez
à vous tranfporter vers les Prélats,
Comtes, Barons, Châtelains, Officiers dudit Seigneur, Praticiens, Avocats & toutes chacunes les perfonnes
contenues & dénommées au rôle at-
taché à ces préfentes, fous l'un de nos
feings; & leur faites exprès commandement de par ledit Seigneur, & nous,
qu'ils ayent à fe trouver en perfonne,
ou par Procureur, s'ils ont empêchement légitime, & non autrement, en
cette

ɔ cette Ville de Boulogne , le dixieme
jour du mois d'Octobre prochaine-
ment venant , pour au lieu qui pour
ce faire sera député , procéder à ladite publication desdites Coutumes ,
ainsi qu'il appartiendra par raison : &
ce sur peine de la prise & saisissement
du temporel des gens d'Eglise , & saisie
& prise des biens meubles & immeubles des gens lais , & nonobstant oppositions ou appellations quelconques ,
& sans préjudice d'icelles ; de ce faire,
vous avons donné & donnons , en
vertu du pouvoir à nous donné , puissance , autorité , commission & mandement spécial. Mandons & enjoignons à tous Justiciers , Officiers &
sujets dudit Seigneur , qu'à vous , en
ce faisant , soit obéi en vertu de notre-dit pouvoir & cesdites présentes ,
lesquelles en témoins de ce nous
avons signées , & à icelles fait appo-
ser le Sceau de nos armes , qui furent
faites & données en ladite Ville de
Boulogne ce premier jour de Septem-

bre, l'an mil cinq cent cinquante. Signé du Pré, & Aimeri, & scellées de deux Sceaux sur cire rouge.

ET LEDIT jour dixieme du mois d'Octobre, audit an, assigné pour l'assemblée générale desdits trois États, Nous du Pré, & Aimery, Commissaires susdits, accompagnés des Officiers dudit Seigneur de ladite Ville en la Sénéchaussée, lieu accoutumé à tenir les plaids & jurisdiction ordinaire pour le Roi en icelle Ville de Boulogne, & députés par nous, pour procéder au fait de ladite réformation & publication, après avoir fait entendre l'affaire, pour lequel suivant le vouloir exprès du Roi, ladite assemblée auroit été par nous ordonnée, & l'importance d'icelle, afin qu'un chacun eût à y penser bien & mûrement, aurions par Maître Jacques du Rieu, Greffier de ladite Sénéchaussée, fait faire lecture desdites Lettres Patentes dudit Seigneur, & de la commission par nous sur icelles décernée, pour faire les ajournemens à ce néceſſaires, enſemble des exploits faits ſuivant icelle commiſſion par Nicolas des Beſtes, ſergent Royal & ordinaire de ladite Sénéchauſſée & Pays du Boulonnois, laquelle lecture faite, aurions fait appeller les gens deſdits trois États d'icelui Pays & Comté du Boulonnois, ſelon les ajournemens & aſſignations baillées ſuivant notre-dite Commiſſion, leſquels auroient comparû comme enſuit.

Sçavoir eſt, Révérend pere en Dieu, l'Abbé de Nôtre-Dame de Boulogne, en perſonne, pour les terres qu'il a audit Pays, à l'appel duquel Maître Charles de Raouller, Receveur de l'Abbé de Samer aux Bois, & Charles Piencquet ſon Procureur, fondé de procuration expreſſe, nous auroient dit & remontré qu'ès autres aſſemblées ci-devant faites, ledit Abbé de Samer avoit toujours été premier appellé, & que le ſemblable lui dût avoir été fait en la pré-

sente assemblée , & doit être appellé
après Monsieur l'Evêque de Térouanne , & au-devant de l'Abbé de Nôtre-
Dame de Boulogne & tout autre Prélat d'icelui Pays & Comté du Boulonnois , comme étant icelle Abbaye
fondée par le Comte de Boulogne ,
& qu'à cause de la fondation & do-
tation d'icelle , lui appartient le tiers
pied d'icelui Pays du Boulonnois ,
avec telle prééminence qu'a le Comte
d'icelui Pays , en ses terres , ayant
Bailliage à part , sçel autentique , ar-
morié des armes d'icelui Comte , pour
recevoir tous contracts , mêmement à
loi & droit d'arrêt , au bourg & banlieue dudit Samer aux Bois , ce que
n'a ledit Abbé de Nôtre-Dame , ni
autre Prélat dudit Comté. Plus est
ledit Seigneur Abbé de Samer appellé
le premier ès assemblées Sinodales dudit Evêque de Térouanne , quoique
ce soit devant ledit Abbé de Nôtre-
Dame. Davantage ladite Abbaye de
Samer est fondée devant & long-

temps paravant ladite Abbaye de Nôtre-Dame, qui eſt de l'ordre de Saint
Auguſtin, & ladite Abbaye de Samer,
de l'ordre de Saint Bénoît, qui pré-
cede ledit ordre de Saint Auguſtin,
requérant partant être entretenu en
ſes prééminences ſuſdites, & ſur celui faire droit ; & par ledit Abbé de
Nôtre-Dame a été ſoutenu le contraire, & dit que ladite Abbaye de
Nôtre-Dame eſt aſſiſe en cette Ville
de Boulogne, Capitale dudit Pays, &
partant devoit être le premier appellé
& précéder ledit Abbé de Samer. Sur
quoi avons ordonné que leſdites parties mettront, ſi bon leur ſemble,
les cauſes, moyens & raiſons de leurs
differends par devers nous, le vingtieme jour de ce préſent mois d'Octobre, enſemble tout ce que bon
leur ſemblera, pour en être par nous
ordonné comme de raiſon, ou en
faire notre rapport à la Cour ; & gé-
néralement pour éviter auſdits différends & diſcords, quant à toutes per-

fonnes , gens d'Eglife , Comtes , Barons & Seigneurs qui pourroient n'avoir été appellés en leur ordre, d'autant que les rôles anciens , fur lefquels on avoit accoutumé faire pareilles affemblées , auroient été adirés, & par ledit Greffier qui ne fçait bonnement les préférences d'un chacun, en auroit été fait un nouveau , aurions à cette caufe déclaré que ledit appel , quant aufdits Abbés & tous autres , ne porteront aucun préjudice à ceux qui n'auroient été appellés en leurdit ordre , & que l'acte leur en feroit baillé , fi requérir le vouloient , & qu'il feroit par nous procédé au fait de ladite publication , fans préjudice defdites préférences , fauf a en être puis après ordonné comme de raifon. Eft auffi comparu l'Abbé de Saint Wlmer de Boulogne par frere Vayron , Religieux de ladite Abbaye , qui a rapporté que ledit Abbé étoit au lit malade ; l'Abbé de Clairmarais , par Jacques Raoul

ſon Bailly & garni de procuration ,
l'Abbé de Ruiſſeauville , par Framery
ſon Procureur ſpécial , l'Abbé de Saint
Sauve de Montreuil , par ledit Framery , l'Abbé de Saint André , par maître Antoine Dauvergne , Procureur
ſpécial ; le Prieur de Beuſſent en perſonne ; les Dames de Sainte Auſtre-
berthe de Montreuil , par Dauvergne
leur Procureur ſpécial ; les Doyen &
Chapitre de Saint Firmin , par ledit
Framery Procureur ſpécial ; Meſſire
Martin Marcel , Chapelain d'Ays ;
Meſſire Ozias Cauchis , Chapelain
d'Herly , tous comparants comme deſſus , pour les terres qu'ils ont audit
Pays du Boulonnois. Et les perſonnes
gens d'Egliſe ci-après nommés , ont
été défaillants. Révérend pere en Dieu ,
Monſieur l'Evêque de Térouanne ,
l'Abbé de Longvillers , l'Abbé de Dou-
ldeauville , l'Abbé de Beaulieu , l'Abbé de Saint Jean Aumont , l'Abbé de
Saint Bertin , l'Abbé de Saint Joſſe ,
l'Abbé de Ham , l'Abbé de Senicourt

l'Abbé de Licques , l'Abbé d'Andre, l'Abbé de Saint Auguftin , l'Abbé de Saint Chocques , les Chartreux de Neuville, les Religieux de S. Omer, le Prieur de Rumilly , le Prieur du Waft, le Prieur d'Herly, le Prieur de Saint André lès-Aire , le maître & ad-miniftrateur de Saint Inglevert ; les Dames & Religieufes de Blandefque ; les Doyen & Chapitre de Térouanne ; les Doyen & Chapitre de Dourier ; les Doyen & Chapitre de Saint Sau-veur en Saint Pol ; les Religieufes de Saint Cornille de Compiegne , tous appellés pour les terres qu'ils ont au-dit Pays, & défaillants contre lef-quels qui ne feroient comparus , ni en perfonne , ni par Procureur , à tout le moins fuffifamment fondé , à la requête dudit Procureur du Roi, aurions donné défaut , fauf s'il com-paroiffent le Lundi vingtieme jour du mois d'Octobre ; avec déclaration , que où ils ne comparoîtroient ledit jour , feroit contre les défaillants donné défaut pur & fimple , & procédé à l'adjudication du profit d'icelui fur le champ. Et outre aurions ordonné aux Procureurs & Receveurs de ceux qui feroient comparus , comme deffus eft dit , par Procureur , qu'il euffent à faire entendre à leurs Maîtres , que nous aurions ordonné qu'ils comparoîtroient audit jour en perfonne, s'ils ne faifoient apparoir d'excufe légitime , autrement qu'à faute de ce faire , feroit procédé à la faifie de leur temporel, fuivant lefdites Lettres Patentes dudit Seigneur..

Et quant aux Nobles , & autres gens du fecond & tiers-état, auffi appellés comme deffus eft dit , font comparus comme s'enfuit. Sçavoir , pour le Comte de S. Pol , le Procureur du Roi , qui a dit & déclaré qu'icelui Comté étoit tenu du Comté du Boulonnois & appartenoit audit Seigneur par échange fait avec le feu Comte de Saint Pol , ou fes héritiers , à l'encontre de Monfort Lamaury : Meffire

Jean d'Eſtrées , Chevalier , Seigneur
dudit lieu, Gentilhomme ordinaire de
la Chambre du Roi, Maître & Capitaine général de l'Artillerie dudit
Seigneur , Baron de Doudeauville ,
par Antoine de Heghes , ſon Bailly ;
François de Sempy , Ecuyer , Baron
d'Ordre en perſonne ; pour Monſieur
le Duc de Vendoſmois à cauſe de la
Baronnie de Heſdigneuil , Louis de
Bours, Seigneur de Monferrant, Gouverneur dudit lieu , en perſonne ; &
Antoine le Volant en perſonne , pour
Monſieur le Comte de Brienne , qui
a dit être Seigneur dudit lieu , leſquels ont proteſté que la comparition
de l'un ne puiſſe préjudicier à l'autre,
& que leurſdites préſentations fuſſent
ſans préjudice des droits prétendus
d'une part & d'autre , ce que leur
avons accordé , & ordonné qu'ils auroient reſpectivement acte de leurſdites proteſtations , ſi bon leur ſem-
bloit. Meſſire François de Maulde ,
Chevalier , Baron de Colemberg en

perſonne ; Pierre de la Paſture, Ecuyer , Baron de Courſet en perſonne.
Pour la Baronnie Diſacre, le Procureur du Roi , diſant que le Roi l'a
fait ſaiſir, à quoi nous l'avons reçû
ſans préjudice , toutefois des droits
qui pourroient appartenir à celui ſur
lequel a été faite ladite ſaiſie ; Meſſire Philippe de Créquy , Chevalier,
Seigneur de Bernieulles , par Maître
Nicolle de Goigny ſon Procureur &
Receveur , qui a affirmé que ſondit
Maître étoit au lit malade. Dame Go-
delieve le Tintelier , Dame Datin pour
ſa terre de Londefort, Gonfanoniere
du Boulonnois, par Wallerand Fournel ſon Procureur ; Antoine Dumou-
lin, Ecuyer, Maréchal du Boulonnois
en perſonne ; Jacques le François,
Seigneur Bouteiller du Boulonnois en
perſonne. Pour la Châtellenie de Tingry & d'Hucquéliers, leſdits de Bours,
& Antoine le Volant , Gouverneurs
deſdites terres pour mondit Seigneur
de Vendoſmois , & le Comte de Bri-

enne; lesquels avons reçûs avec semblables protestations que dessus, touchant la Baronnie d'Esdigneuil; & ledit Seigneur d'Estrées pour ses terres & Seigneuries d'Ausque, Neuville & autres en Boulonnois, par ledit de Heghes; Messire Charles de Bonveu, Chevalier, Comte de Melque pour la Principauté de Hodic, par Maître Nicolle Bersin, & ledit Fournel ses Procureurs, qui ont dit que ledit Seigneur Comte est au Service de l'Empereur. Madame Jeanne de Hornes, Vicomtesse de Gand pour les terres & Seigneuries de Frencq, Hubersen & autres en Boulonnois, par Ferry le Greffier son Bailly & le Receveur desdites terres, qui ont déclaré ladite Dame ne pouvoir comparoir pour son ancien âge. Messire Oudart du Biés pour les terres & Seigneuries de Hocquinghen & Eschinghen, par ledit Frenet son Procureur, Bailly desdits lieux. Claude de Hammes, Seigneur dudit lieu, Baron de Bouquehault, en personne,
Messire

Messire Jacques de Monchy, Chevalier, Seigneur d'Inquesen, par Antoine Dauvergne son Procureur spécial; Messire Jacques du Biés, Chevalier, Seigneur de Bécour en personne; Messire Jean de Clere, Chevalier, Seigneur dudit lieu, au nom & comme ayant le Gouvernement de Oudart Seigneur de Foucquesolles à cause de la terre & Seigneurie de Reberghes, enclavée en partie au Comté de Guisnes, en personne; Messire Georges de Courtignon, Chevalier, Commandeur de Loison, par Charles Pienquet son Procureur; Messire Martin de Bournonville, Chevalier, Seigneur de Saternaux, pour sa terre & Seigneurie de Verbois, par ledit Pienquet son Procureur; Gallas du Tertre, Ecuyer, Seigneur de Boursin & du Tertre en personne, & Antoine du Tertre, Ecuyer, pour son droit esdites terres, aussi en personne; Nicolas de Sempy, Ecuyer, Seigneur de Rebrethenghes, par Fournel son Procureur;

O

Robert de Frameselles , Ecuyer , Seigneur dudit lieu, par Jacques Roche son Procureur, qui a dit que ledit de Frameselles est prisonnier à Paris; Antoine de Bernamont , Ecuyer , Seigneur dudit lieu en personne ; Damoiselle Philippe le Grand , veuve de feu noble homme Louis de Lys, Seigneur de Saint Aubin , pour ses terres de Questrecque & autres en Boulonnois, par Messire Antoine de Longueville , Prêtre , son Procureur, qui a affirmé être absente à la Cour; Louis de Bourse , Ecuyer , Seigneur de Mont-flon en personne ; François de Ruberghes, Ecuyer , Seigneur de Questinghen & Cluses , en personne ; Louis d'Isque, Ecuyer, Seigneur dudit lieu, par Maître Charles de Raulers son Procureur & entremetteur ; Josse de Hesmont , Ecuyer , Seigneur de Dales en personne ; Philippe Daigneville , Ecuyer , Seigneur de Herselaines & du Fayel, en personne ; & Louis du Tertre , Ecuyer, Seigneur d'Escufan , en personne ; Jean de Lespault , Ecuyer , Seigneur Desprez, en perfonne ; Bry d'Ifque , Ecuyer , Seigneur de la Mothe d'Ifque, en perfonne ; Chriftophe d'Hydrequen , Ecuyer , Seigneur dudit lieu & de Maifoncelles par Procureur ; Damoifelle Jeanne de Bainctun , Dame de Henneveux , par Pienquet fon procureur ; Pierre de Thubeauville , Ecuyer , Seigneur de Selles , par Oudart de Thubeauville fon fils aîné ; Jean du Quefnoy , Seigneur dudit lieu , & de Refty en perfonne ; Ferry le Greffier , Ecuyer , Seigneur de la Gravé & de Pitefaut, en perfonne ; Oudart Rouffel, Ecuyer, Seigneur de la Cauchie , en perfonne ; Jean de Thubeauville , Ecuyer, Seigneur de Pinctun , en perfonne ; Guillaume de Louvigni , Ecuyer, Seigneur d'Eftréelles en perfonne ; Jean Difquemue, Ecuyer, mineur d'ans, par Monfieur l'Abbé de Nôtre-Dame en Boulonnois, fon oncle ; Jean de Poucques , Ecuyer , Capitaine du Monthulin, en perfonne ; Jean le Mar-

chand, Seigneur de Roquethun, en perfonne; Antoine Coftard, Ecuyer, Seigneur de la Riviere, mineur d'ans par
ledit de Ruberghes, Seigneur de Clùfes,
fon beau-pere; Jean de la Frefnoye,
Ecuyer, Seigneur de Berthenlaire, en
perfonne; le Seigneur d'Efcaux & de
Pernes, en perfonne; le Seigneur des
Barreaux, en perfonne; le Seigneur
d'Oeuf, en perfonne; Adrien de Bé-
thencour, Ecuyer, en perfonne; Jean
de Wierre, Ecuyer, en perfonne; le
Seigneur de Baduit, par Procureur,
qui a déclaré que ledit Seigneur étoit
malade; le Seigneur Delacourt en Se-
quieres, en perfonne; le Seigneur de
Beaucorroy, par Antoine Dauvergne
fon Procureur; Adrien de Longfoffé,
Ecuyer, Seigneur de la Salle, en perfonne; Antoine de Longfoffé, Ecuyer,
par Philippe du Sault, Ecuyer, Seigneur du Pruel, pour ledit de Longfoffé, & lui en perfonne, pour la terre
& Seigneurie de Seulecque; Jean de
Camoiffon, Ecuyer, Seigneur de Thu-

beauville, en perfonne; Charles de
Camoiſſon, Ecuyer, Vicomte de Ou-
péhen, en perfonne; le Seigneur du
Puſſelart, en perfonne; Antoine du
Blaiſel, Ecuyer, Seigneur dudit lieu,
en perfonne; le Seigneur de Baillon,
en perfonne; Auguſtin Guiſelin, Ecuyer, pour ſa terre du Rieu; Matthieu
le Brient, Ecuyer, Seigneur de Quéhen, par Thomas de Crépieul ſon Procureur; Charles Pienquet, Tuteur &
Seigneur du Rozel; Jean du Fourma-
noir, Seigneur dudit lieu, en perfonne;
Antoine Roſe, dit du Boys Bernard,
pour ſes Fiefs en Boulonnois, en perfonne; le Seigneur de Guypethun, en
perfonne; ledit Vallerand Fournel, au
nom & comme Tuteur des enfants
mineurs d'ans de feu Hector de Parenty, en perfonne; Maître Antoine
le Sueur, difant être comparu pour
nous préfenter certain cahier contenant les noms & furnoms de tous ceux
qui font fujets au ban & arriere ban
du Pays du Boulonnois, auquel avons

enjoint faire dûment vérifier & certifier le contenu audit cahier, & le nous rapporter ainsi vérifié ledit jour vingtieme de ce présent mois d'Octobre. Le Bailly du Boulonnois, Outreau, Wissant & Londefort, par Maître Josse de la Plancque, Lieutenant dudit Bailly. Le Bailly d'Etaples, du Chocquet, & Bellefontaine, par Maître Augustin Willecot, & Nicolas Gaviel, lesquels & chacun d'eux se sont dits Lieutenants dudit Bailly d'Etaples ; à quoi les avons reçus suivant leurs protestations, sans préjudice des droits par eux respectivement prétendus ; le Bailly de Desvrene, par Claude du Wicquet son Lieutenant ; les Mayeur & Echevins de Boulogne, par Jacques Lardé, Mayeur d'icelle dite Ville ; les Mayeur & Echevins d'Etaples, par Ferry Greffier, Mayeur d'icelle Ville ; & les Mayeur & Echevins de Desvrene, par Simon du Wicquet ; lesquels Mayeur & Echevins, nous ont présenté chacun, en droit soi, certains cahiers de papier , esquels ils nous ont affirmé être contenues & écrites les Coutumes locales desdites Villes ; ausquels nous avons enjoint de faire dedans ledit vingtieme jour de ce présent mois d'Octobre , assembler à l'Hôtel de chacune desdites Villes , certain nombre de Bourgeois & manans en chacune d'icelles Villes , pour en leur présence faire lire , arrêter & certifier lesdites Coutumes locales , & audit jour être rapportées par-devant nous , signées & certifiées dûment , & après être insérées par Chapitres séparés dedans le livre & cahier desdites Coutumes générales dudit Pays du Boulonnois ; & outre aurions ordonné aux Procureurs de ceux qui étoient comparus par Procureurs , qu'ils fissent entendre à leurs Maîtres qu'ils eussent à comparoir en personne , ledit jour 20 du présent mois , s'ils n'avoient excuse ou empêchement légitime , dont ils se sont tous chargés respectivement : & contre les personnes ci-après nom-

mées, aurions à la Requête dudit Procureur du Roi donné défaut ; sauf s'ils
comparoissoient dedans ledit jour 20
de ce présent mois, avec telles & semblables déclarations & intimations que
dessus ; sçavoir est , Messire Antoine
Blondel , Chevalier , Baron de Bellebrune ; Louis Dailly , Ecuyer , Baron
de Bainctun , Messire Louis Dorbecq ,
Baron de Thiembronne ; Monsieur de
Crevecœur, Baron Dangoudsent ; Madame Marie de Luxembourg , Comtesse Degmond , pour la Baronnie de
Lyanne ; Messire de Lannoy, Seigneur
Daustruicq , Connétablie du Boulonnois ; ladite Comtesse Degmond , pour
la Châtellenie de Fiennes ; Messire
Ambroise de Berghes, Chevalier , pour
la Châtellenie & Seigneurie de Longvilliers ; le Seigneur de la Laleu, pour
la Châtellenie & Seigneurie de Belle ;
Messire Nicolas de Monchy, Chevalier, Seigneur de Montcavrel ; Messire
Robert de Montmorency, Chevalier ,
Seigneur de wismes , pour sa terre &

Seigneurie du Pont de Bricque & autres en Boulonnois ; Meſſire Jean de
Lannoy, Chevalier, Seigneur de Mor-
villers, pour ſes terres & Seigneuries
de Nédonchel, Ligny, weſtréhen, leurs
appartenances & dépendances enclavées dans l'Artois ; Jacques de Roche-
baron, Ecuyer, Baron de Zeltin ; le
Seigneur de Lignon ; le Seigneur de
Bournonville ; Meſſire Jean de Saint
Omer, Chevalier, Seigneur de Mor-
becq, pour ſes terres de Souverain-
Moulin & wimille ; Jean de Sainte Aldegonde, Ecuyer, Seigneur de Selles
& Bazinghen ; Raoul de Fléchin, Ecuyer, Seigneur de Journy & de Dours ;
le Seigneur de Sempy ; le Seigneur de
Verlinctun ; Madame Lamberde de
Brimeux, Comteſſe de Roeux, pour
la terre de Fromeſſen & autres en
Boulonnois ; Meſſire Jean de la Riviere, Chevalier, Seigneur de Vilers,
pour ſa terre de Grand-moulin ; Jean
de Bournonville, Ecuyer, Seigneur
d'Auvringhen ; François d'Oſtove, E-

cuyer, Seigneur du Ront, pour ses terres & Seigneuries d'Offretun, & Ostove; Pierre d'Ostove, Ecuyer, Seigneur de Clenleu; Jean Desmarquetz, Ecuyer, Seigneur de Helloy, pour ses terres de Berguettes, Baduy, & autres; Oudart de Bournonville, Ecuyer, Seigneur de Capres; Messire François d'Hodic, Chevalier, Seigneur de Courteville; Jacques Daigneville, Ecuyer, Seigneur de Hilbert; Jean Demieurles, Ecuyer, Seigneur dudit lieu; Charles de Hodic, Ecuyer, Seigneur de Henocq; Hiérome de Marnay, Ecuyer, Seigneur de Bilgue; Philippe du Moulin, Ecuyer, Seigneur de Cormont; Messire Adrien de la Cloye, Chevalier, Seigneur de wierre; Jean de la Mothe, Ecuyer, Seigneur de Saint Martin; Damoiselle Jeanne de Manneville; Damoiselle Jacqueline du Tertre, Dame de Neufchâtel; Damoiselle Jeanne de Bilque, Dame de la Haye; François du Crocq, Ecuyer, Seigneur du Hil; Louis Dis-

...que, Ecuyer, Seigneur de Mondénier ;
Nicolas de Courteville, Ecuyer, Sei-
gneur de Hodic ; Jean de la Haye, E-
cuyer, Seigneur d'Alinctun ; Amé de
Boubers, Ecuyer, Seigneur d'Ergny ;
Damoiselle Madelaine de la Poterie,
Dame de Saint Maurice ; Antoine de
Disquemue, Ecuyer, Seigneur de Cam-
pagne ; Jacques de la Folye, Seigneur
de Haute-sombre ; Gabriel du Bourdet,
Ecuyer, Seigneur, Prevôt de Quef-
que ; Pierre de Bernes, Ecuyer, Sei-
gneur dudit lieu ; Jacques de Maulchy,
Ecuyer, Seigneur du Rieu ; Jean de
Senlys, Ecuyer, Seigneur de Lon-
gueville ; Antoine Marchand, Ecuyer,
Seigneur de Lépinoy & du Porre ;
Adrien de Sainte Aldegonde, Ecuyer,
Seigneur de la Mothe ; Jean de Lawes-
pierre, Ecuyer, Seigneur de Lyem-
brune ; Charles de Poix, Ecuyer,
Seigneur de Beutin ; Joachim de Bé-
cour, Ecuyer, Seigneur de l'Enclos ;
Wallerand de Hardenthum, Ecuyer,
Seigneur de Tourteauville ; Charles de

de Wauloins, Ecuyer, Seigneur de Jau-
nelie; Jean de Colomby, Ecuyer, Seigneur de Lavelle; Edmond de Londefort, Ecuyer, Seigneur du Fart; Louis
Blondel, Ecuyer, Seigneur de Mont-
robert; le Seigneur de la Vertevoye;
Nicolas de Tilly, Ecuyer, Seigneur
Déclemy; Damoiselle Jeanne Grevet;
Dame de la Houssoye; Damoiselle An-
toinette de Sailly, Dame de Dannes;
Jean de la Moliere, Seigneur de la
Bouloye; le Seigneur de la Rémon-
drie; le Seigneur de wingthun; le Seigneur de la Becquec; Antoine Lesche-
viftre; le Seigneur de Brocaudin; le
Seigneur de Fernehen; Jean l'Homer,
pour sa terre de Quéhen près Herly.
Ce fait aurions ordonné aux personnes
présentes à ladite assemblée ci-dessus
nommées, qu'ils eussent à eux trouver en ladite Ville de Boulogne, audit lieu & Salle de la Sénéchaussée,
ledit jour vingtieme de ce présent
mois, auquel jour nous aurions continué ladite assignation, & ce sur les
peines

q peines des ſuſdites. Aurions auſſi or-
t donné que toutes perſonnes demeurant
e en pluſieurs terres dudit Pays du Bou-
ɔ lonnois , enclavées dedans le Pays
! d'Artois , ſeroient ajournées avec les
intimations à ce requiſes , pour ſe
trouver en ladite Ville & audit lieu ,
ledit jour vingtieme de ce-dit préſent
mois, pour les cauſes que deſſus.

Et ledit vingtieme jour dudit mois
d'Octobre, aurions été en ladite Salle de
ladite Sénéchauſſée, accompagnés com-
me-deſſus , & auquel lieu ſe ſeroit
auſſi trouvé Meſſire Jean de Monchi ,
Chevalier , Seigneur de Senarpont ,
Gouverneur & Lieutenant - Général
pour le Roi, audit Boulogne, & Bailly d'Amiens , fait de rechef appeller
par ledit Greffier toutes leſdites perſonnes ci-deſſus nommées ; tant ceux
qui auroient ci - devant comparu, que
les défaillants , leſquels auroient tous
comparu en perſonne , ou par leurs
Baillys & Procureurs fondés de pro-
curations ſpéciales , contenant les cau-

ſes de leurs empêchements , excepté les perſonnes ci-après nommées. Sçavoir eſt , l'Abbé de Saint Auguſtin , l'Abbé de Chocques, Pierre Quinerit, Seigneur de la Becqué , le Seigneur de Winctum , Jean de la Moliere , Antoine Leſcheviſtre , contre leſquels , à la Requête dudit Procureur du Roi , aurions donné défaut pur & ſimple : & ſuivant notre derniere Ordonnance, adjugeant ſur le champ, le profit & utilité d'icelui , aurions déclaré que procéderions à la réformation , arrêt & publication deſdites Coutumes générales , tout ainſi que ſi leſdits défaillants étoient préſents & nonobſtant leur abſence. Et quant à la Requête dudit Procureur du Roi tendant à ce que pour la Contumace deſdits défaillants fût contre eux procédé à ladite ſaiſie de leur-dit temporel & biens immeubles , ſuivant leſdites Letttes Patentes dudit Seigneur , aurions ordonné que ledit Procureur du Roi mettra pardevers nous ſadite Requête ,

& demande par écrit, ensemble les exploits faits à l'encontre desdits défaillants, & tout ce que bon lui semblera, pour le tout vû, en être ordonné, comme de raison : & quant ausdites Coutumes locales lesquelles suivant ce qui auroit été ordonné par nous à la derniere Assemblée, nous auroient été rapportées par les Mayeurs & Echevins desdites Villes, bien & dûment vérifiées & certifiées, nous les aurions fait mettre ès mains dudit Greffier, pour les faire écrire par Chapitres à part & séparés, au cahier desdites Coutumes générales, pour avec icelles, être semblablement enregistrées ; & pour l'heure tarde, aurions continué & remis ladite Assemblée, à deux heures de relevée.

A laquelle heure, après avoir remontré qu'il étoit besoin & requis de bien adviser & entendre à rendre lesdites Coutumes les plus conformes à raison & équité, & aussi les plus claires que faire se pourroit, pour le bien,

profit & foulagement, tant générale-
ment que particuliérement, d'un chacun, aurions en la préfence des deffufdits,
par ledit Greffier, fait commencer la
lecture du cahier où étoient contenues
& écrites lefdites Coutumes générales
dudit Pays du Boulonnois, & par ru-
briques, ainfi qu'elles font écrites &
inférées audit cayer.

Et fur le cinquieme Article faifant
mention du nombre des Barons dudit
Pays, & du relief par eux dû au Roi,
a été dit & déclaré par le Procureur
dudit Abbé de Samer, que la Seigneurie de Bernieulles étoit tenue & relevoit dudit Abbé. Et parce que ledit
Seigneur de Bernieulles auroit été appellé au nombre & rang defdits Barons, & que par ledit Article étoit
porté qu'iceux Barons relevoient du
Roi, il fembleroit que ledit Seigneur
de Bernieulles, dût auffi relever du
Roi, à cette caufe proteftoit que ledit
appel entre lefdits Barons ne lui pût
préjudicier. Et par ledit Seigneur de

Bernieulles, auroit été dit & déclaré que la vérité étoit, que sadite Seigneurie étoit tenue & relevoit dudit Abbé, & ne le vouloit empêcher, & que toutefois il avoit coutume d'être toujours appellé au nombre desdits Barons. A quoi aurions ordonné que lesdites parties auroient respectivement Acte de leursdites protestations & déclarations, pour leur servir, ce que de raison ; & que ladite réformation & déclaration de Coutume se feroit sans préjudice de leurs droits.

Quant au quatorzieme qui est en la rubrique, *des Droits appartenant aux Barons*, &c. à la remontrance des Prélats & Nobles, ont été ajoutés ces mots, *lesquels Seigneurs ayant cinq hommes de fief, ont toute Justice, haute, moyenne & basse, & les droits y appartenant.*

Sur le vingt-troisieme qui est au Chapitre *des crimes & forfaits*, après avoir été par nous remontré que par tout le Royaume de France, même ès lieux & Pays où confiscation n'a lieu ;

se gardoit qu'en crime de leze-Majesté ladite confiscation avoit lieu, & qu'en aucunes Coutumes nouvellement arrêtées & publiées, ledit crime auroit été spécialement excepté : & ce pour ôter du tout la racine dudit délit si pernicieux, d'autant que les peres voiant par ledit délit leurs enfants être privés de tous & chacun leurs biens, seroient plus déterrés de commettre icelui délit ; parce que bien souvent les parents ont autant ou plus de crainte & terreur de la peine qui s'inflige à leurs enfants, que de celle qui s'inflige à eux-mêmes. Et après plusieurs autres remontrances par nous faites, à la Requête des Nobles, ledit article a été remis au lendemain, & depuis accordé, comme est dit ci-après.

Sur le vingt-quatrieme, aux remontrances aussi par nous faites, a été accordé que cette clause seroit ajoûtée, *pourvû que celui, lequel après sa mort, aura été trouvé être mort ladre, en ait eu durant sa vie quelques apparences &*

*signes extérieurs, & en ait été soup-
çonné.*

Sur le trentieme a été par nous
remontré qu'il seroit bon d'y ajou-
ter, que celui qui arracheroit les bornes, les feroit remettre à ses dépens,
ce qui auroit été accordé par tous.

Au trente-unieme, ordonné qu'au
lieu de ces mots, *Seigneurs prévoisins*,
sera mis cette clause, *Seigneurs hauts-
justiciers, excepté le Roi & ses Officiers qui pourront exploiter en la maniere accoutumée.*

Sur le trente-deuxieme sera ajouté, que les Seigneurs pourront, si
bon leur semble, faire garder contre
les délinquants en leurs bois, les peines contenues ès Ordonnances du Roi,
à l'encontre des larrons & coupeurs
de ses bois.

Le trente-quatrieme à été remis au
lendemain pour la diversité des opinions, & depuis a été accordé, comme il est dit ci-après.

Sur le trente-cinquieme ordonné que

le nombre de cinquante bêtes sera remis à vingt-cinq. Et sera ajouté, sans préjudice, à ceux qui auroient convention & paction au contraire, ou jouissance dûment prescrite.

Au trente-sixieme sur les remontrances faites par les gens d'Eglise, & après aussi plusieurs contestations faites au contraire par les Nobles, & gens du tiers-état, a été finalement accordé qu'il sera mis audit Article; que les Seigneurs, & leurs sujets, ne pourront faire pâturer leur bétail dedans leurs terres sujettes à dîme, jusqu'à ce que iceux gens d'Eglise, ou autres ayant droit de dîmes, aient fait enlever leursdites dîmes. Et où aucuns feront le contraire, ils seront condamnés à la restitution du dommage fait aux gerbes délaissées pour ladite dîme, & en amende telle que de raison, laquelle restitution sera baillée à celui à qui appartient ladite dîme, & l'amende au Seigneur du délinquant, pourvû toutefois que lesdits gens d'Eglise

& autres ayant droit d'icelles dîmes, feront tenus, dedans trois jours, à compter du jour que les Seigneurs & propriétaires defdites terres auront fait lier, & mener, en leurs maifons ce qui leur appartient, d'aller ou envoyer querir leurfdites dîmes.

Sur le quarante-quatrieme fera ajouté, que les Seigneurs prendront outre ledit Feurage, droit de Gambage fur les Braffeurs, qui eft de quatre lots pour chacun Braffin.

Sur le quarante-fixieme a été accordé qu'au lieu du double de la rente furcenfiere, fera mis *le fimple*, à la charge toutefois que lefdits furcenfiers & furcottiers, feront tenus eux faire reconnoître par les Seigneurs, dedans trois mois du jour du Bail à eux fait, fur peine de foixante fols parifis d'amende, à appliquer aufdits Seigneurs. Depuis, par les gens du tiers-état, & Nobles, auroit été le contenu ci-deffus débattu, & accordé finalement, comme il eft dit ci-après

Et le lendemain 30 dudit mois étant assemblés audit lieu, aurions par l'avis & délibération de toute l'Assemblée, créé, & ordonné trois Procureurs pour dire & remontrer, pour le tiers-état, tout ce qu'ils verroient être raisonnable. Sçavoir est, Maître Jacques du Rieu, Jean Verlinq, & Maître Jean de Couppes, Avocats en ladite Sénéchauffée, auſquels aurions fait faire le ſerment en tel cas requis.

Ce fait ſur ledit vingt-troiſieme Article, qui auroit été remis, comme dit eſt, nous ont dit & déclaré leſdits Nobles, & auſſi tout le reſte de ladite Aſſemblée, que non ſeulement accordoient, mais requéroient pour la ſûreté du Roi & de ſon Royaume, qu'audit Article fût mis, *excepté en crime de léze-Majeſté divine & humaine, au premier chef, ſçavoir eſt contre le Roi, & ſon Royaume.*

Sur le trente-quatrieme qui auroit été auſſi remis, a été accordé que pour bête blanche l'on payeroit un denier,

ſçavoir , une maille par le vendeur,
& autant par l'acheteur ; pour bête
chevaline , bœuf ou vache , quatre deniers par le vendeur , & autant par
l'acheteur.

Sur le quarante-ſixieme & quarante-
neuvieme pour la diverſité d'opinions
entre gens d'Egliſe & Nobles d'une
part , & gens du tiers-état d'autre part,
leſquels ſe ſeroient oppoſés auſdits Articles , en tant que par ledit quarante-
ſeptiéme , étoit porté , qu'il ſeroit payé
pour relief par le ſurcottier le double
de la rente par lui dûe ; & par ledit
cinquantiéme , qu'en cotteries , ſera
payé aux Seigneurs, pour droits Seigneuriaux , le tiers & retiers. Aurions
ordonné que les Procureurs des gens
deſdits trois États , bailleront par écrit
les cauſes de leurs oppoſitions, dedans
trois jours, qui ſeront communiquées
auſdits gens d'Egliſe & Nobles, trois
jours après, pour y répondre à la huitaine enſuivant, mettront & produi-
ront d'une part & d'autre pardevers

nous, dedans le lendemain de la Saint
Martin, tout ce que bon leur semblera, pour à notre rapport, ou l'un de
nous, en être ordonné par la Cour,
comme de raison. Et depuis ont été
lesdits Articles accordés, comme il est
dit ci-après. Et néanmoins auroit été
dès-lors accordé, qu'audit cinquantiéme Article, sera ajouté, *qu'en ma-*
tiere d'échange, au cas que ledit échange
se fera but à but, sans soulte & sans
fraude, sera seulement dû relief aux
Seigneurs, sans aucuns droits Seigneu-
riaux. Et si il y a deniers baillés, &
bourse déliée, seront, outre le relief qui
se payera par chacune desdites parties,
payés droits Seigneuriaux, au prorata
des deniers baillés, & par celui qui les
aura déboursés.

Sur le cinquante-septieme sera a-
jouté, *que les Ecléches & démembre-*
ments de Fief seront tenus par les pro-
priétaires à pareils droits & prééminen-
ces qui compétent au Fief principal, &
aussi à pareille justice, si lesdits pro-
priétaires

priétaires ont hommes, jufqu'au nombre
requis, pour icelle exercer.

Sur le foixante-deuxieme a été accordé qu'il fera ajouté, *que les puînés
ne payeront aucun relief à leur aîné,
pour leur portion du quint à eux appartenant. Mais eux venus en âge, feront
tenus faire la foi & hommage à leurdit
aîné, ou autre Seigneur des quatre parts.
Et avenant la mort defdits puînés,
leurs héritiers feroient tenus de relever
dudit Seigneur des quatre parts, de tel
relief que le corps principal du fief. Et
fera tenu ledit aîné faire divifion &
féparation dudit quint à fefdits freres
puînés, à dépens communs. Et où ledit aîné feroit refufant ou délayant de
faire ladite féparation, lefdits puînés
jouiront par indivis de leurdit quint,
avec leurdit aîné, jufqu'à ce que ladite
divifion & féparation foit faite à communs dépens, comme dit eft.*

Quant au foixante-huitieme après
avoir remontré qu'il étoit fort rude,
& contre tout droit, que les puînés

ne prennent aucune chose aux rotures & cotteries ; auroient les Nobles accordé que le frere aîné seroit tenu bailler ausdits puînés la juste valeur du quint desdites rotures, en deniers, ou rente rachetable au denier seize, lesquels deniers, lesdits puînés seroient tenus employer en héritage sortissant pareille nature & condition ; ce qui auroit été empêché par les gens du tiers-état. Et après avoir ouï les raisons d'une part & d'autre, aurions ordonné, que ledit article demeureroit comme devant. Et depuis auroit été conclu, ainsi qu'il est dit ci-après.

Au soixante - onzieme ajouté , *le pareil quant aux meubles comme des acquêts.*

Au soixante - treizieme , accordé qu'il sera ajouté , *que l'héritier pourra, si bon lui semble, avoir les blancs-bois, granges & étableries, dont mention est faite audit Article pour la juste valeur & estimation.*

Au soixante-dix-septieme à notre

remontrance a été accordé que le bail durera , quant aux mâles , jusqu'à ce qu'ils aient atteint le quinzieme an de leur âge ; & quant aux filles , le onzieme. Et le même aussi quant au quatre - vingt - septieme.

Sur le quatre - vingt - dix - huitieme a été à notre remontrance accordé qu'il y sera ajouté , *que quant aux acquêts faits durant & constant le mariage , la femme ne prendra aucun droit de douaire sur la part appartenant aux héritiers de son feu mari.*

Sur le cent dix-neuvieme, aussi à notre remontrance de la conséquence de bailler aux mineurs faculté de vendre leurs immeubles sans solemnité , a été accordé qu'il sera mis audit Article , *que les mineurs de vingt - cinq ans ne pourront ni vendre ni aliéner leurs immeubles , sans autorité de Justice , & solemnités à ce requises , gardées.*

Et le vingt - deuxieme jour dudit mois , continuant la lecture desdites Coutumes , a été accordé qu'au lieu des Articles cent douze, cent treize, & cent quatorze étant en la vieille Coutume, les cent trente & unieme & cent trente-deuxieme de la nouvelle Coutume, seront mis ainsi qu'ils sont de présent, ajoutant suivant la Requête & remontrances verbalement faites par le Procureur du Roi & à nous baillées par écrit, signées dudit Procureur du Roi & d'une grande partie desdits États, ces mots, *sans préjudice des anciens enclos, qui de leur nature sont francs, & dont les propriétaires ont accoutumé de jouir, lesquels demeureront en leur franchise accoutumée, sans que personne y puisse pâturer en quelque temps de l'année que ce soit.* Et outre que quant au quint de son fief que chacun peut clore, sera mis, *pour en jouir franchement par eux, leurs censiers & receveurs.* Et outre sera ajouté, quant aux prés, *que chacun sera tenu, s'il n'a privilege, ou jouissance dûment prescrite, de tenir ses prés francs en tout temps, de faire faucher*

& dépouiller ses prés à la Saint Pierre, entrant Août, & non plutôt, s'il
ne lui plaît. Et ledit jour Saint Pierre
passé, un chacun pourra mettre, qui
voudra son bétail paître & pâturer dedans iceux, encore qu'ils fussent fauchés.
Et aussi, si plutôt sont fauchés, ladite
fauche faite & les foins serrés, chacun
qui voudra, y pourra semblablement
faire pâturer son bétail.

Sur le cent quarante-quatrieme à notre remontrance a été accordé, qu'il y
sera ajouté, *que le renonçant à l'héritage,
partie présente ou appellée, sera tenu
rendre icelui héritage en aussi bon état
& valeur qu'il étoit au temps de la
prinse.*

Et la lecture des Articles de ladite
Coutume étant parachevée, nous aurions remontré que quant aux Articles quarante-sept & cinquante, qui
auroient le jour précédent été remis
à la Cour, & seroit le bien, utilité
& tranquillité d'un chacun, tant en
général, qu'en particulier, de les vui-

der amiablement, à celle fin de pouvoir éviter la multitude des procès qui en pourroient survenir tous les jours, & aux frais d'iceux. Et après avoir mis en avant quelques expédients qui nous sembloient justes & raisonnables, & après avoir demandé l'avis d'un chacun, finalement a été accordé, *que pour les droits Seigneuriaux des choses féodales, il sera seulement payé le quint denier, sans requint, encore qu'il fût dit francs deniers. Et pour les cotteries & rotures, le quart denier, au lieu du tiers, aussi sans aucun requart ; & pour le relief des surcotteries & surcens, au lieu du double de la rente dûe par le surcottier, qui souloit être payé, sera seulement payé pour ledit relief, le simple d'icelle rente. Et aussi que tous acquereurs, donataires, & nouveaux tenanciers, seront tenus, quatre mois après l'aquisition par eux faite, à compter du jour d'icelle acquisition, à quelque titre que ce soit, notifier au Seigneur leurs acquisitions, & payer les droits*

par eux dûs , sur peine de soixante
sols parisis d'amende , en ce non compris , toutefois les rentes constituées à
prix d'argent. Et pourront, ledit temps
passé, lesdits Seigneurs faire poursuite
de leursdits droits , si bon leur semble,
par action, & ainsi qu'il appartiendra
par raison.

A été aussi accordé sur le cent
vingtieme Article , & après avoir de
rechef répété les remontrances par
nous faites, à la lecture dudit Article, que des vingt ans dont mention
est faite en icelui Article, sera déduit
le temps de minorité & hostilité qui
aura été telle que durant icelle on
n'aura pû agir n'y défendre. Et aussi
que pour parvenir à ladite prescrip-
tion, il faudra , pour le moins , alléguer un titre suffisant & valable, pour
prescrire & prouver sa jouissance, sans
toutefois que celui qui alléguera ledit
titre , soit aucunement tenu d'en vérifier.

Semblablement a été accordé par

tous les Nobles , ayant égard aux remontrances par nous faites fur le foixante-huitieme Article , portant que
les puînés ne prendront aucune cho-
fe ès cotteries & rotures, ce qui auroit
été une fois accordé, pour toutes gens
de quelque état qu'ils fuſſent , & depuis difcordé & empêché par le tiers-
état , aura lieu , & fera dorénavant
gardé & obfervé entre tous les Nobles.
Sçavoir eſt , que quant aux héritages
cottiers & roturiers , le fils aîné &
héritier de l'homme Noble, fera tenu
de bailler à fes freres puînés , ou
en défaut de fils, la fille aînée, la jufte
valeur & eſtimation du quint defdits
héritages cottiers, en rente rachetable
au denier feize , ou en deniers comptants , lefquels ou ceux qui procéderont de ladite rente , quand elle fera
rachetée , feront tenus lefdits puînés
employer en héritage , fortiffant pareille nature & condition.

Enfuite aurions fait nommer &
députer par chacun defdits trois-états,

certain nombre de personnes pour signer le cahier desdites Coutumes, a-
près qu'il auroit par nous été revû &
réformé, selon ce que ci-dessus est
dit & déclaré. Et pour les gens d'E-
glise, auroient pour cet effet été nommés & députés Messieurs l'Abbé de
Nôtre-Dame, & de Saint Wlmer.
Et pour les Nobles, Monsieur le Baron d'Ordre, les Seigneurs de Journi
& Descuffan. Et pour le tiers-état,
Maître Jacques du Rieu, Jean Ver-
lling, & Maître Jean de Couppes,
qui auroient été ci-dessus élûs pour
Procureurs pour ledit tiers-état.

Et finalement après ladite lecture
& publication ainsi faite, nous Commissaires susdits, aurions en vertu du
pouvoir à nous donné par ledit Seigneur, & lesdites Lettres Patentes,
ordonné que lesdites Coutumes, ainsi
que dit est, arrêtées & publiées, après
qu'elles auront été signées des Députés
pour ce faire, feront avec nos Procès-
verbaux enregistrés ès registres de la

Sénéchauffée , pour être dorénavant
gardées & obfervées comme Loi, Statuts & Edits perpétuels & irrévoca-
bles, faifant inhibitions & défenfes aux
perfonnes fufdites, & à tous autres gé-
néralement, de quelque qualité & état
qu'ils foient, d'alléguer ou fouffrir être
alléguées autres Coutumes contraires
ou dérogeantes à icelles, & a tous Juges, Officiers du Roi, Avocats , Praticiens & toutes autres perfonnes, de faire ou ordonner dorénavant pour la vérification defdites Coutumes, ainfi que
dit eft , arrêtées & publiées , aucune
preuve par tourbe , ou témoins parti-
culiers , ains feulement par extrait
defdits regiftres dûment fait & figné ;
le tout toutefois fans préjudice des oppofitions & proteftations dont ci-deffus
a été fait mention ; & auffi des Coutumes locales , lefquelles par notre ordonnance auroient été ci-devant vérifiées & apportées par les Mayeurs
des Villes de loi de ce-dit Pays, à celle
fin d'être inférées à part , & par cha-

pitres séparés , au cahier desdites
Coutumes générales, aucunes desquelles à la Requête du Procureur du Roi,
nous aurions réformé , en tant que
touche les amendes du fol appel , lesquelles de soixante livres parisis , comme étant la somme excessive , nous les
aurions modérées & remises à soixante
sols parisis , qui est l'amende ordinaire
gardée & observée aux autres Cours
& Sieges dudit Pays. Et quant aux
Coutumes locales de Desvrene en aurions ôté plusieurs Articles , parce
qu'ils nous auroient semblé être plus
Privilege que Coutume. Et aussi aux
Coutumes de ladite Ville de Boulogne en ce qu'il est porté , que pour
quelque délit que ce soit , il n'y a confiscation que de corps, aurions suivant
ce qui auroit été arrêté par la Coutume générale du Pays, excepté le crime de leze-Majesté divine & humaine , au premier chef , sçavoir , contre
e Roi & contre son Royaume. Et à
adite Coutume de Desvrene , entant

qu'il eſt porté que chacun peut renoncer à l'héritage par lui pris , payant
les arrérages par lui dûs juſqu'au jour
de la renonciation, avons ajouté auſſi ,
ſuivant ce qui auroit été accordé en
l'aſſemblée générale , pour pareil cas ,
que celui qui veut renoncer audit héritage , le doit délaiſſer en auſſi bon état
qu'il étoit lors de la prinſe. Et parce
qu'à l'encontre des Coutumes locales de la Châtellenie & Seigneurie
de Fiennes à nous préſentées par les
Officiers dudit lieu , pour être inſé-
rées , comme les autres Coutumes locales , ſéparément & à part , au cahier
deſdites Coutumes générales , le Procureur du Roi en ladite Sénéchauſſée ,
auquel icelles Coutumes par notre ordonnance auroient été communiquées ,
pour dire ce que bon lui ſembleroit ,
pour conſentir ou diſſentir l'inſertion
deſdites Coutumes locales audit cahier
deſdites Coutumes générales , auroit
icelui Procureur dudit Seigneur formé
& baillé pluſieurs débats ; nous aurions

rions ordonné que lesdits débats, a-
vant que faire droit sur ladite inser-
tion, seroient montrés & communi-
qués auxdits Seigneur & Dame de ladite Seigneurie de Fiennes, ou leursdits Officiers, dedans trois jours ; bailleroient lesdites parties respectivement, de huitaine en huitaine, défenses, repliques & dupliques, produi-
roient d'une part & d'autre, à la quinzaine ensuivant, tout ce que bon leur
sembleroit, bailleroient contredits &
salvations dedans le temps de l'ordonnance, si bon leur sembloit, pour
ce fait & rapporté pardevers nous,
en être par nous ordonné, ou par la
Cour de Parlement, à notre rapport,
comme de raison. Et les choses des-
susdites ainsi faites, les an & jours
que dessus, aurions fait faire deux cahiers desdites Coutumes, lesquels nous
aurions signés & fait signer par les
personnes députées par lesdits États
pour icelles signer, l'un desquels aurions pris pour porter à la Cour de

Parlement , & l'autre laiſſé au Greffe
de ladite Sénéchauſſée , pour ès Re-
giſtres d'icelle le tout faire enregiſtrer ;
en témoins deſquelles choſes ſuſdites ,
nous avons ſigné ce préſent Procès-
verbal , & fait ſigner par ledit Greffier.

Signé , DUPRÉ ,
AIMERY , & DU RIEU.

FIN DES COUTUMES.

OBSERVATIONS

Sur quelques Articles de la Coutume corrigés dans cette nouvelle édition.

PREMIERE CORRECTION.

L'Article LXXXXVI étoit si mal construit dans les précédentes éditions, qu'il n'étoit point intelligible.

Il suffit de le transcrire, tel qu'il étoit, pour en convaincre le Lecteur.

Le Seigneur féodal ayant trois hommes de Fief tenus de lui, & par tout commencement de Cour, en accroissement d'icelle, & diminution du quint datif de sa terre, qu'il peut donner puissance & autorité de créer deux hommes de Fief; & pour la création donner partie de son Fief à une ou deux personnes, telles qu'il lui plaît, qui les tiendront de lui féodalement, afin d'avoir cinq hommes de Fief, & sa Cour complette, pour pouvoir exercer toute Justice en sondit Fief.

R ij

Cet Article n'eſt qu'une eſpece de double emploi avec les Articles XVII. & XVIII, dont voici le contenu.

Et par ladite Coutume un Seigneur ayant trois hommes de Fief, a commencement de Cour, & peut exercer ſa Juſtice ès mettes de ſon Fief, en empruntant de ſon Seigneur ſupérieur deux de ſes hommes de Fief, en demandant leſquels, il eſt tenu lui bailler.

Et peut ledit Seigneur bailler de ſa Terre en Fief, pour augmenter ſes hommes & Cour.

Le ſens de l'Article LXXXXVI étant très-clairement expliqué par ces deux derniers, on a crû pouvoir en corriger la mauvaiſe conſtruction, en rédigeant ledit Article, comme il ſe trouve en cette nouvelle édition, pag. 49 & 50, & tel qu'on le voit ci-après.

Article LXXXXVI.

Le Seigneur féodal ayant trois hommes de Fief tenus de lui, a par-là com-

*mencement de Cour, en accroiſſement de
laquelle il peut, par diminution du quint
datif de ſa Terre, donner puiſſance &
autorité de créer deux hommes de Fief,
& pour la création donner partie de ſon
Fief à une ou deux perſonnes, telles qu'il
lui plaît, qui les tiendront de lui féodalement, afin d'avoir cinq hommes de Fief,
& ſa Cour complette, pour pouvoir exercer toute Juſtice en ſondit Fief.*

SECONDE CORRECTION.

Il y a dans les éditions précédentes une omiſſion de mot en l'Article
LXXXXVIII qui en rend le ſens vi-
cieux & contraire à la Juriſprudence
univerſellement obſervée. C'eſt le mot,
non, dont l'omiſſion feroit entendre
que la femme auroit droit de douaire
ſur la moitié des conquêts du mari.
Ce mot a été ajouté & ſuppléé dans
cette nouvelle édition, page 50, &
cette addition eſt conforme à ce qui
eſt ordonné par le Procès-verbal de la

Coutume générale , sur ledit Article quatre-vingt-dix-huitieme , où il est dit qu'il sera ajouté , *que quant aux acquêts faits durant & constant le mariage , la femme ne prendra aucun droit de douaire sur la part appartenant aux héritiers de son feu mari.* Sur quoi voyez led. Procès-verbal , page 183.

Troisieme Correction.

Il est dit en l'Article CXXIII, que que si aucun, au nom & titre d'héritier , releve les acquêts d'un trépassé , lesdits acquêts sortissent audit héritier condition & nature d'héritages patrimoniaux , en telle maniere qu'il ne les peut vendre, donner, transporter, *changer* , ou aliéner, sans garder les voies introduites ès matieres d'héritages parimoniaux.

Le Commentateur de la Coutume prétend que ce mot, *changer* , * a été

* Voyez le grand Coutumier de Picardie, tom. 1, page 140 sur ledit Article.

mis par erreur en cet Article, au lieu du mot, *charger*, qu'on auroit dû y mettre; & l'on s'eſt déterminé à adopter ce correctif dans cette nouvelle édition, par pluſieurs raiſons.

La premiere, c'eſt que ce correctif eſt juſtifié & confirmé par les Articles LXXIII & CXV de l'ancienne Coutume qui ſe ſert du même mot, *charger*, préciſément dans le même cas dont il eſt parlé audit Article CXXIII de la nouvelle Coutume.

La ſeconde, c'eſt qu'au temps de la rédaction de la Coutume, les rentes conſtituées dont hypoteque & droit réel ne s'étoit enſuivi, en obſervant les formalités preſcrites pour l'aliénation des propres, n'étoient réputées que comme ſimples obligations perſonnelles : * d'où il ſuit que pour hypotéquer ſes héritages à de pareilles rentes, il falloit, d'une part, que le débiteur affirmât la néceſſité & la fît certifier par deux témoins ; & que,

* Voyez l'Article CXXV de la Coutume.

d'autre part, le créancier payât le droit Seigneurial du capital defdites rentes, & fe fît nantir & réalifer fur les biens du débiteur, par l'une des voies indiquées en l'Aticle CXV de la Coutume.

Chacun fçait que lefdites rentes conftituées ne font confidérées, encore aujourd'hui, que comme meubles de fucceffion, lorfqu'elles ne font hypotéqrées qu'en vertu de fimples Sentences, au lieu qu'elles fe partagent comme immeubles, quand elles font nanties & réalifées, fuivant les formalités prefcrites par la Coutume, pour l'aliénation des Propres.

La troifieme & derniere raifon, c'eft qu'aux termes de l'Article XLIX de la Coutume, il n'eft point dû de droits Seigneuriaux pour les échanges qui fe font but à but, & fans bourfe déliée ; & que ces échanges fe trouvant faits avec égalité, l'on ne voit pas pourquoi l'héritier pourroit s'en plaindre, ou y donner atteinte, fous prétexte du défaut de formalités pref-

crites par la Coutume pour l'aliénation des Propres.

Quatrieme Correction.

Il y avoit dans l'Article CLXXV
plusieurs lacunes qui en rendoient le
sens inintelligible, & l'on y a suppléé
dans cette nouvelle édition, en empruntant de l'Article CLXII de l'ancienne
Coutume quelques expressions qui en
rendent à présent le sens très-clair &
très-suivi.

Autres Corrections relatives au Procès-verbal de la Coutume générale.

On s'est apperçu, lors de l'impres-
sion dudit Procès-verbal, qu'il n'y a-
voit point de rapport entre les Articles
indiqués par ledit Procès-verbal & ceux
qui étoient transcrits dans la Coutume,
ensorte que ce qui forme le quinzieme
Article audit Procès-verbal, ne forme
que le quatorzieme dans le Texte de
la Coutume, & ainsi des autres.

On a reconnu depuis, que cette différence ne vient que de ce que la Coutume imprimée dans le grand Coutumier de Picardie, en l'année 1726, &
à laquelle on s'eſt conformé dans cette
préſente édition, n'eſt compoſée que
de cent quatre-vingt-un Articles, au
lieu que la Coutume imprimée en 1551,
à laquelle le Procès-verbal eſt relatif,
eſt compoſée de cent quatre-vingt-deux
Articles, & cette différence vient de
ce que l'on a compris & confondu
dans l'Article neuf de l'édition de 1726,
un Texte qui faiſoit le dixieme Article
de l'édition de 1551 ; & voici quel eſt
ce Texte.

* *Et y a audit Comté huit Bailliages*
Royaux, à ſçavoir, Outreau, Wiſſant
& Londefort, qui eſt un ſeul Office exercé
par un ſeul Bally.

Cette différence eſt cauſe que l'on
a changé les nombres des Articles
dudit Procès-verbal, pour les rendre
conformes & relatifs à ceux de la Cou-

____

* Article X de l'édition de 1551.

tume, telle qu'elle a été imprimée en 1726, & qu'elle l'eft encore aujour-d'hui, & c'eft un correctif qu'a oublié de faire l'Editeur du grand Coutumier de Picardie.

Autre Correction.

Il y a dans ledit Procès-verbal, & dans l'édition de 1551, un renvoi à quelques Articles de l'ancienne Cou-tume que l'on n'a pu concilier avec lefdits Articles, & qui au furplus eft inintelligible.

C'eft à l'endroit où on lit les mots qui fuivent.

Et le vingt-deuxieme jour dudit mois, continuant la lecture defdites Coutumes, a été accordé qu'au lieu des VI, XX, XII, & VI, XX & XII Articles, les CVIII, CIX, CX Articles étant en la vieille Coutume ainfi qu'ils font de pré-fent, ajoutant fuivant la Requête & re-montrances verbalement faites par le Pro-cureur du Roi, & à nous baillées par écrit fignées dudit Procureur du Roi &

d'une grande partie desdits Etats, sans préjudice des anciens enclos qui de leur nature sont francs.

Le Texte dudit Procès-verbal, au même endroit, n'est ni plus intelligible ni plus exact dans l'édition du grand Coutumier de l'année 1726, & en voici les termes.

Et le vingt-deuxieme jour dudit mois, continuant la lecture desdites Coutumes a été accordé qu'au lieu des cent trente-deuxieme & cent trente-troisieme Articles, les cent dix-neuf, cent vingtieme Articles étant en la vieille Coutume seront mis esdites Coutumes ainsi qu'ils sont de présent &c.

Comme on n'a trouvé dans l'ancienne Coutume que les Articles CXII, CXIII & CXIV, où il soit parlé d'enclos pour les pâturages, & des différents temps de l'année où les riez & prés sont francs, ou ne le sont pas, [ce qui fait la matiere de tout ce qui est débattu au susdit endroit du Procès-verbal] on a crû pouvoir rectifier

ce

ce qu'il y a de fautif & de peu intelligible, en l'endroit ci-deſſus cité,
en le changeant ainſi qu'il ſuit.

*Et le vingt-deuxieme jour dudit mois,
continuant la lecture deſdites Coutumes,
a été accordé qu'aulieu des Articles CXII,
CXIII, & CXIV étant en la vieille Coutume, les CXXXI & CXXXII de la nouvelle Coutume ſeront mis ainſi qu'ils
ſont de préſen., ajoutant &c.*

Quelque reſpect que l'on ait , &
que l'on doive avoir pour le Texte du
Procès-verbal, on ſe flate qu'après un
pareil avertiſſement , & ſur l'expoſé
des raiſons ci-deſſus, un ſi léger changement trouvera grace auprès de ceux
qui aiment l'ordre & l'exactitude, d'autant qu'on n'a fait ce changement que
pour la facilité du Lecteur, & pour
ne point rendre impoſſible la confron-
tation & conciliation des Articles de
l'ancienne Coutume avec ceux de la
nouvelle.

On a taché enfin de débrouiller quan-
tité de noms d'Hommes, de Villages,

& de Hameaux qui font altérés ou dé-figurés dans ledit Procès-verbal, pour y fubftituer leurs véritables noms qui y ont été mal tranfcrits ; & ce n'a été que fur l'avis des Perfonnes les mieux inftruites de la Province, qu'on a fait ces derniers changements.

FIN DES OBSERVATIONS.

TABLE DES TITRES

de la Coutume du Boulonnois.

TITRE PREMIER.

S ij

Titre XII.

Titre XIII.

Titre XIV.

Titre XV.

Titre XVI.

Titre XVII.

Titre XVIII.

Titre XIX.

Titre XX.

S iij

Titre XXIX.

FIN DE LA TABLE DES TITRES.

TABLE

*Des Matieres principales contenues
dans la Coutume du Boulonnois.*

Le premier nombre marque l'Article, & le second indique la page.

T

V

V ij

TABLE de la Coutume locale de la Ville de Deſvrene.

TABLE de la Coutume locale de la Ville d'Etaples.

Retraits d'héritages, & formalités à y observer. Art. 3, 4, 5, 6, 7 & 8. P. 106, 107, 108, 109, 110 & 111.

Seigneur, chacun est Seigneur en droit soi. 1. 103 & 104.

TABLE de la Coutume locale de Wiffant.

Nul ne peut faire harengs, s'il n'est Bourgeois. 6. 117.

Droits Seigneuriaux ne font dûs, en cas de vente, mais seulement un double relief. 2. 116.

Seigneur. Chacun est Seigneur en droit soi. 5. 116.

TABLE de la Coutume locale du Village d'Herly.

Droit Seigneurial sur les cotteries est le sixieme denier, & sur les Fiefs, le cinquieme denier. 6. 121.

Droit d'afforage, gambage, herbage, & de moutonnage ne font dûs par

---

TABLE de la Coutume locale du Village de Quefque.

---

*TABLE de la Coutume locale de Né-
donchel, Ligny, & Weſtréhen,
ou Weſtochen.*

Fin de la Table des Matieres.

ÉTAT

É T A T

*Des Paroiſſes, Secours & Hameaux dé-
pendant de la Sénéchauſſée du Boulonnois, & qui en compoſent les Communautés.*

AIX, en Ergny, Secours d'Ergny.
Aix, en Iſſart, Paroiſſe.
Alette.   P.
Alinctun.   P.
Ambleteuſe, Ville & P.
Attin.   P.
Audembert.   P.
Audinghen.   P.
Audreſelles,   P.
Aveſne, Secours de Rumilly.
BAINCTUN. P.
Bainghen le Comte. P.
Baſinghen.   P.
Bécourt.   P.
Belle.   P.
Bellebrunne, Secours d'Alinctun.
Bernieulles.   P.

X

Béſinghen.   P.
Beuſſent.   P. Et Enguinnehault. H.
Beutin , Secours d'Attin.
Beuvreghen.   P.
Bimont , Secours de Clenleu.
Bournonville. P.
Bourſin.   P.
Bourthes. P. Et le Catelet. Hameau endépendant.
Brequeſent.   P.
Brunembert , Secours de Selles.
   CAFFIERS , Secours de Landretun.
Camiers. P.
Carly.   P.
Clenleu.   P.
Colemberq. P.
Condette.   P.
Conteville , Secours de Pernes.
Cormont. P.
Courſe.   H.
Courſet. P.
Crémareſt.   P.
   DANNES. P.
Deſvrene , Ville & P.
Doudeauville. P.

ÉCHIGHEN. P.
Énocq , Secours de Brequenfen.
Enquin , Secours de Béfinghen.
Ergny.   P.
Étaples , Ville & P.
Étrées , Secours de Neuville.
Étréelles.   P.
    FERQUES. P.   Et Élinghen fon
                        Secours.

Fiennes.   P.
Frencq.   P.
    HALINGHEN , Secours de Frencq.
Hardinghen.   P.
Henneveux , Secours de Bournonville.
Herly.   P.
Hidrequen, Secours de Rinquefen. P.
        faifant Communauté enfemble.
Houllefort , Secours de Belle.
Huberfen , Secours de Cormont.
Hucquéliers, Bourg, Sec. de Preures.
    INGHEN , Secours de Tardinghen.
Inquefen.   P.
Ifque.   P.
    LACRES , Secours de Tingry.
Landretun.   P.

Lefaux , Secours de Camiers.

Leturne. H. dépendant de Frencq. P.

Leubrighen. P.

Leulinghen. P.

Liannes. H. dépendant d'Alinctun. P.

Longfoſſé. P. Et Sainte Gertrude, Secours de Wierre-aux-Bois. P.

LONGUEVILLE. P.

Longvilliers. P.

Lottinghen , Secours de Manneville.

MANINGHEM-AU-MONT. P.

Maninghen-wimille. H. de la Paroiſſe
de wimille.

Manneville. P.

Mareſville , Secours de Longvilliers.

Marles. P.

Marquiſe , Bourg & P.

Montcavrel. P.

NABRINGHEN. S. de Colembert.

Neſles , Secours de Neufchatel.

Neufchatel. P.

Neuville. P.

Niembourg. H. démembré d'halinghen.

OFFRETUN. P.

Outreau. P.

PARENTY.   P.
Pernes.   P.
Pitefaux , Secours de Maninghen-
                              wimille.
Preures.   P.
    QUESQUES. P.
Queſtinghen , Secours de Bainctun.
Queſtres, ou Queſtreque, Secours de
                              Wirwignes.
Quilen , Secours d'Herly.
    RECQUES , Secours de Montca-
                              vrel.
Réty.   P.
Rumilly.   P.
    S. ÉTIENNE.   P.
S. Inglevert.   P.
S. Léonard.   P.
S. Martin-Boulogne.   P.
S. Martin-Choquel, Secours de Man-
                              neville.
S. Michel , Secours de Humbert en
                              Artois. P.
Samer , Bourg & P.
Selles.   P.
Sempy.   P.

Senlecque. P.
    TARDINGHEN. P.
Thiembronne. P.
Tingry. P.
Trois-Marquets & Mieurles, Hameaux
    démembrés de Bourthes. P.
Tuberfen. P. Courteville & Zélucq,
    Hameaux en dépendant.
    VERCHOCQ. P.
Verlincthun , Secours de Carly.
Verval. H. tiré de Quefques. P.
Vieux-Moutier, & la Calique, Ha-
    meaux, Secours de Manneville. P.
Wacquinghen , Secours de Beuvre-
    quen.
Waft [le] , Bourg, Secours de Bour-
    fin.

Wicquinghen. P.
Widehen , Secours de Dannes.
Wierre-aux-Bois. P.
Wierre-Effroy. P.
Wimille. P.
Wirwignes. P.
Wiffant , Ville & P.
    ZOTEUX. P.

*Communautés du Boulonnois enclavées
en Artois.*

LIGNY.   P.
Nédonchel.   P.
Weftréhen. H. de la Paroiffe de Li-
gny-les-Aire.

FIN.

PRIVILEGE DU ROI.

LOUIS, par la grace de Dieu, Roi de France & de Navarre: A nos Amés & Féaux Conseillers, les Gens tenans nos Cours de parlement, Maîtres des Requêtes ordinaires de notre Hôtel, Grand Conseil, prévôt de paris, Baillifs, Sénéchaux, leurs Lieutenans Civils, & autres nos Justiciers qu'il appartiendra, Salut. Notre Amé BATTUT, Imprimeur à Boulogne, Nous a fait exposer qu'il désireroit faire réimprimer & donner au public un Livre qui a pour titre *Coutumes générales de la Sénéchauffée & Comté du Boulonnois*, s'il Nous plaisoit lui accorder nos Lettres de privilege pour ce nécessaires. A ces Causes, voulant favorablement traiter l'Exposant, Nous lui avons permis & permettons par ces présentes, de faire réimprimer led. Livre autant de fois que bon lui semble-

ra, & de le vendre, faire vendre, &
débiter partout notre Royaume pendant le tems de six années consécuti-
ves, à compter du jour de la date des
présentes. Faisons défenses à tous Imprimeurs, Libraires & autres personnes de quelque qualité & condition
qu'elles soient d'en introduire de réim-
pression étrangére dans aucun Lieu de
notre obéissance, comme aussi de réimprimer, faire réimprimer, vendre,
faire vendre, débiter ni contrefaire
ledit Livre, ni d'en faire aucun extrait,
sous quelque prétexte que ce puisse
être, sans la permission expresse &
par écrit dudit Exposant ou de ceux
qui auront droit de lui, à peine de
confiscation des exemplaires contre-
faits, de trois mille livres d'amende
contre chacun des contrevenans, dont
un tiers à Nous, un tiers à l'Hôtel-
Dieu de paris & l'autre tiers audit Exposant ou à celui qui aura droit de
lui, & de tous dépens, dommages &
intérêts; à la charge que ces présentes

feront enregiftrées tout au long fur le
Regiftre de la Communauté des Imprimeurs & Libraires de paris, dans
trois mois de la date d'icelles ; que la
réimpreffion dudit Livre fera faite dans
notre Royaume & non ailleurs, en
bon papier & beaux caracteres, conformément à la feuille impriméee,
attachée pour modele fous le contre-
fcel des préfentes ; que l'Impétrant fe
conformera en tout aux Réglemens de
la Librairie, & notamment à celui
du dix Avril 1725 ; qu'avant de l'ex-
pofer en vente, l'Imprimé qui aura
fervi de copie à la réimpreffion dudit
Livre fera remis dans le même état,
où l'approbation y aura été donnée,
ès mains de notre très - cher & Féal
Chevalier, Chancelier de France, le
Sieur DE LAMOIGNON, & qu'il en fera
enfuite remis deux exemplaires dans notre Bibliothéque publique, un dans celle
de notre Château du Louvre, & un dans
celle de notre-dit très-cher & Féal Che-

valier, Chancelier de France, le Sieur
DE LAMOIGNON , le tout à peine de
nullité des préfentes : du contenu defquelles Vous mandons & enjoignons
de faire jouir ledit Expofant & fes
ayans caufe , pleinement & paifible-
ment , fans fouffrir qu'il leur foit fait aucun trouble ou empêchement. Voulons
que la copie des préfentes , qui fera imprimée tout au long au commencement
ou à la fin dudit Livre , foit tenue
pour dûment fignifiée , & qu'aux co-
pies collationnées par l'un de nos Amés
& Féaux Confeillers , Secrétaires ,
foi foit ajoutée comme à l'Original.
Commandons au premier notre Huif-
fier ou Sergent fur ce requis . de faire
pour l'exécution d'icelles tous actes requis & néceffaires , fans demander
autre permiffion , & nonobftant cla-
meur de Haro , Charte Normande ,
& Lettres à ce contraires : car tel eft
notre plaifir. Donné à Verfailles le
dix-feptieme jour du mois de Février ,

l'an de grace mil sept cent soixante &
un, & de notre Regne le quarante-
sixieme. Par le Roi en son Conseil.

Signé, LE BEGUE.

*Registré sur le Registre XV. de la
Chambre Royale & Syndicale des Libraires & Imprimeurs de Paris, N° 15.
Fol. 152, conformément au Réglement
de 1723. A Paris ce 26 Mars 1761.*

Signé, G. SAUGRAIN, Syndic.

www.ingramcontent.com/pod-product-compliance
Lightning Source LLC
LaVergne TN
LVHW052014060726
842528LV00002B/502